美国教育史研究丛书
张斌贤　主编

教育测量与
美国学校变革

李曙光　著

EDUCATIONAL
MEASUREMENT
AND SCHOOL REFORM
IN
AMERICA

河北大学出版社
·保定·

出 版 人：朱文富
选题策划：何　东
责任编辑：李　达
助理编辑：李天雪
装帧设计：赵　谦　王占梅
责任校对：李　易
责任印制：常　凯

图书在版编目（CIP）数据

教育测量与美国学校变革 / 李曙光著. -- 保定 ：河北大学出版社，2022.1
（美国教育史研究丛书 / 张斌贤主编）
ISBN 978-7-5666-1943-3

Ⅰ. ①教… Ⅱ. ①李… Ⅲ. ①教育测量－研究－美国 Ⅳ. ① G40-058.1

中国版本图书馆 CIP 数据核字（2021）第 239289 号

JIAOYU CELIANG YU
MEIGUO XUEXIAO BIANGE

出版发行：河北大学出版社
地址：河北省保定市七一东路2666号　邮编：071000
电话：0312-5073003　0312-5073029
网址：www.hbdxcbs.com
邮箱：hbdxcbs818@163.com
印　　刷：保定市正大印刷有限公司
幅面尺寸：170 mm × 240 mm
字　　数：145 千字
印　　张：10.75
版　　次：2022年1月第1版
印　　次：2022年1月第1次印刷
书　　号：ISBN 978-7-5666-1943-3
定　　价：47.00 元

总　　序

每当为团队成果草拟总序的时候，总是既兴奋又忐忑。兴奋是因为眼见近几年的耕耘即将迎来收获，忐忑则是由于这些收获的果子还有待学界进行“质检”。

1998 年 12 月至 1999 年 10 月，我曾作为富布赖特研究学者在哈佛大学教育研究生院访学。访学期间，我花了很多时间思考今后的学术工作，并确定以美国教育史作为今后长期稳定的研究方向。转眼之间已历二十余载。

二十多年来，我和我的同事、历届外国教育史专业方向的硕士研究生和博士研究生所组成的外国教育史团队一直致力于美国教育史的学习、研究和教学，其目的既为弥补以往外国教育史学科研究之不足，同时也在于通过这块“试验田”，探索更新外国教育史研究的方法、路径。

这二十多年的学术工作历程大致可以划分为两个阶段。2000 年至 2008 年为第一阶段。“京师高等教育论丛”（8 种，北京师范大学出版社，2008 年）反映了这个阶段的主要工作成果。在这个阶段，因为是初步涉猎美国教育史领域，无论是对美国教育史本身，还是对国内外研究状况，都缺乏足够和充分的了解，因此基本上是沿用过去比较熟悉的“套路”，大多选择国内学界涉及较少、较为宏大的主题开展研究，如李子江的《学术自由在美国的变迁与发展》、和震的《美国大学自治制度的形成与发展》、黄宇红的《知识演化进程中的美国大学》，等等。客观地说，在当时国内美国教育史研究基础还相对薄弱的情况下，这些研究还是很有价值的。2009 年至今为第二阶段。经过数年的积累和反思，我逐渐意识到，要想进一步深化美国教育史研究，要想真正形成一些具有新意的研究成果，必须要改变已有的研究方式，尤其是要自觉地摆脱教育学科沿袭已久对“宏大叙事”的选题偏好和以追求系统性和完整性为目的的“教科书”式的研究路径，变以往“大题小做”或“大题大做”为“小题大做”。这也就意味着要进一步聚焦主题、提炼问题，真正开展针对问题的研究。从 2009 年前后开始，无论是我还是我的学生，都尽量避免触及时间范围较大或边界不易确定的“宏大”选题，而选择更加具体、更为专门的专题开展研究。2015 年前后出版的“美国教育变革研究丛书”（11 种，浙江教育出版社）是这种转变的初步尝试。陈瑶的《美国教育学科构建的开端》、康绍芳的《美国教育学界精英群体的兴起》、李朝阳的《美国城市学校制度的建构》、祝贺的《美国公共学校种族隔离的终结》及马文琴的《美国学校公民教育的转向》等著作，都针对某一个具体和专门的主题，并努力将研究主题聚焦在一个较小的时间范围内，以求对主题进行深度剖析。

在前期工作的基础上，近几年来，我们团队更加注重以下几个方面的工作。第一，进一步“压缩”选题，不断聚焦研究主题。第二，进一步强调文献综述的意义，更为自觉地把即将开展的研究建于前人相关的研究基础之上。第三，进一步注重吸收和借鉴相关学科的理论和方法，在教育与其他社会活动的“交汇”处寻找研究问题。呈现在读者面前的“美国教育史研究丛书”所收录的 10 种著作实际上反映了上述三个方面的工作。崔高鹏的《〈1862 年美国赠地学院法案〉研究》、高玲的《学校变革与美国教师职业演化》、吴婵的《美国公立中学与大学关系的变迁（1870—1918）》、杜光强的《全国教育协会与美国中学课程革新》、李曙光的《教育测量与美国学校变革》、曹春平的《美国传统教育观念的变革》是第一方面的工作成果。陈露茜的《意识形态冲突与美国公共教育》和王凤玉的《研究型大学的崛起与科研体制》是第二方面的工作成果。第三方面的工作成果则是张斌贤的《教育与美国社会改革（1890—1920）》和祝贺的《教育与美国儿童福利改善》。

在未来的岁月里，北京师范大学外国教育史教学科研团队还将继续开展美国教育史研究，更加自觉和系统地借鉴相关学科的理论和方法，不仅在研究主题的选择上求新，而且在研究方法和路径上“求变”。希望通过我们持续不断的努力，促进美国教育史研究乃至外国教育史学科的不断自我革新，同时也希望得到教育学界同人的大力支持。

丛书出版之际，首先要感谢河北大学出版社社长朱文富教授。朱社长从事外国教育史（尤其是日本教育史）教学研究多年，深知基础学科研究对教育学科建设的意义，也更加理解此类图书出版的价值，对丛书出版给予了大力支持。我们还要感谢河北大学出版社的各位编辑，他们的辛勤劳动为本书增色不少。

張斌賢

2021 年 3 月 21 日

目　录

导　言

“今天可谓中国教育的镀金时代，教育评价上的表现尤为显著。”①国务院和相关部委先后发布了多个评价改革的相关文件，通过教育评价改革推动教育变革，助力中华民族的伟大复兴。根据评价活动的应用流程，对教育评价的研究可以大致分为两种范式：对评价技术的研究和对评价逻辑的研究。前者包括测量技术、组织管理评价技术等，后者包括评价的价值、评价的伦理、评价结果的使用等。与我国在人工智能等多个领域已经达到世界前列的技术相一致，我国关于教育评价技术的研究已经相对成熟，部分研究成果已经达到世界领先水平。然而，关于教育评价的逻辑的发展却没有技术的迭代迅速和高效，我国在教育评价的社会功能、教育评价结果的使用方面陷入各种困境，面临多种问题。

在这种背景下，回到教育评价产生的历史初期，客观地观察和分析教育评价的产生、发展、流变及其影响，可以帮助我们站在较长的时间轴上来考察教育评价的逻辑，帮助我们在纷繁复杂的现实情境下厘清教育评价的社会功能，做出符合历史发展规律的选择。

对美国教育评价发展历史有多种分期方法，各种方法各有侧重、各具特色。然而，各种分期方法普遍认同19世纪末期至20世纪三四十年代是美国学校教育发展的“大变革”时期，是教育评价成为一门

① 叶赋桂：《教育评价的浮华与贫困》，《清华大学教育研究》2019年第1期。

“显学”并逐步发展的奠基时期。这段时期被不同的分期方法冠以不同的名称，如“教育评价等同于教育测量的时期”[①]、“创立社会科学早期的教育测量时代”[②] 等。各种名称的关键词都是“教育测量”，教育测量是这段时期内教育评价的表现形式。19 世纪末期至 20 世纪三四十年代的教育测量，定义了教育评价的研究问题，明确了教育评价在教育活动中的地位，是美国评价发展史上具有奠基作用的“第一代评估”[③]。毋庸置疑，“教育测量”是学校教育活动的一个环节。然而，从历史的角度来观察，教育测量的价值还不止于此。在这段历史时期内，教育测量至少可以从三个维度来界定，即作为一门科学技术的教育测量、作为一种工具的教育测量和作为公立学校教育活动的教育测量。

与以上三个教育测量的分类维度相对应，本书试图回答以下三个子问题：从科学史的角度，作为一门科学技术的教育测量，在学生个体、学校课程和学校管理三个学校教育的维度，取得了哪些进展？从政治史的角度，作为一种工具的教育测量，从欧洲进入美国，是自发生成的过程还是被特定的群体主动引入的过程？如果是一个“被特定群体主动引入的过程”，那么是怎样的一群人，出于什么样的目的，促成和推动了教育测量这个自欧洲而来的技术进入美国教育研究领域？从教育史的角度，在 19 世纪末至 20 世纪三四十年代，美国社会和美国公立教育面临怎样的问题，为教育测量的出现奠定了基础？当时有怎样的社会思潮，为教育测量这门科学从欧洲进入美国创造了思想条件？教育测量进入美国后，给公立教育传统带来什么样的影响？

以上三个子问题可以归纳为一个核心问题：在 19 世纪末至 20 世纪

---

① Worthen B. R., Sanders J. R. and Fitzpatrick J. L., *Program Evaluation: Alternative Approach and Practical Guidelines (third edition)* (New York: Longman, 2004), p. 10.

② 埃利奥特·W. 艾斯纳：《教育想象——学校课程设计与评价》，李雁冰主译，教育科学出版社，2008，第 201—206 页。

③ 沈玉顺主编《现代教育评价》，华东师范大学出版社，2002，第 5 页。

初的世纪转型期，作为一门科学的“教育测量”从欧洲进入美国，进而成为美国教育研究领域的研究对象和公立学校中不可或缺的教育管理环节，这个过程为什么可以发生？如何发生？发生之后产生了哪些影响？

一、时间段划分

（一）美国教育评价发展阶段

西方教育评价最早可以追溯到古希腊时期，当时评价的形式就是谈话，也就是口试。所谓口试，是指“由主试设问或追问，被试做出口头回答，主试根据被试一系列回答，按照一定的参照系，将被试的学力水平以分数或等级的形式反映出来”①。到 13 世纪，以口试为主的学生评价方式大为发展并且运用于大学教育，如 1215 年的巴黎大学实施口头论文测试②，1219 年的古波兰大学在法学考试中采用口试。③ 在之后漫长的历史发展过程中，口试作为一种主观性、个别化的考试方式，长期存在于西方学校教育的传统中，并发挥着积极的作用。

伴随着学科的分化，到十七十八世纪，学科评价变得复杂起来，而且“从方法论上对教育评价进行重新检讨时，首先就否定自古以来一直占据教育评价中心位置的口试，主张用笔试取而代之”④。于是，笔试开始出现。最早的笔试评价产生于英国剑桥大学，刚开始笔试只是作为一种有趣的竞赛方式，学生既可以在竞赛式的考试中锻炼和发展自己的才能，同时也可以“体验一下妒忌的悲痛、深沉的失望、强

---

① 罗黎辉、高翔：《教育测量与评价》，云南教育出版社，1996，第 69 页。

② 参见瞿葆奎主编《教育与教育学》，人民教育出版社，1993，第 2 页。

③ 参见戴忠恒《心理与教育测量》，华东师范大学出版社，1987，第 1 页。

④ 梶田叡一：《教育评价》，李守富译，吉林教育出版社，1999，第 23 页。

烈的情爱或胜利的喜悦”[①]。到 1702 年，剑桥大学首次用笔试取代了口试。为了满足青年人在学习和生活中的竞赛的需要，剑桥大学依托笔试，从 1747 年到 1752 年率先实行“数学荣誉学位”考试，学生自愿参加且应试者的姓名都列入“光荣名单”。“在开始时，这仍然是一种竞赛，而不是必不可少的专业学习，因为年轻人只是尽力使自己在同辈中赢得声誉。”[②] 在 18 世纪的欧洲大学中，笔试这种形式逐渐流行并得到认可，笔试被认为是“一种以最少的劳动和时间的代价，去鉴别成绩的完全有效的方法”[③]。然而，笔试仍然没有承担起独立的教育评价功能，更不是教育活动的一部分。

美国本土最早进行的现代意义上的教育测量的尝试始于 1845 年前后，由“美国公立学校之父”贺拉斯·曼（Horace Mann）倡导，其与波士顿学校委员会合作，针对数个科目进行跨学校纸笔测验。

关于美国教育评价的发展阶段论述，不同的学者持不同的观点。一种观点认为美国教育评价共分为六个阶段：改革时期（1800—1900）、效率和考试时期（1901—1930）、泰勒时期（1931—1945）、停滞时期（1946—1957）、扩充时期（1958—1972）、专业化时期（1973 年至今）。[④]

另一种观点认为美国教育评价共分为五个阶段：探索阶段（1800—1940），认为教育评价等同于教育测量，代表人物包括贺拉斯·曼、约瑟夫·迈耶·赖斯（Joseph Mayer Rice）、爱德华·李·桑代克（Edward Lee Thorndike）等；泰勒阶段（1941—1964），从测量

---

① 罗伯特·蒙哥马利：《考试的新探索》，黄鸣译，广西人民出版社，1984，第 17 页。

② 罗伯特·蒙哥马利：《考试的新探索》，黄鸣译，广西人民出版社，1984，第 17 页。

③ 罗伯特·蒙哥马利：《考试的新探索》，黄鸣译，广西人民出版社，1984，第 18 页。

④ See D. L. Stufflebeam, G. F. Madaus and T. Kellaghan, *Evaluation Models: Viewpoints on Educational and Human Services Evaluation (second edition)* (Boston: Kluwer Academic, 2000), pp. 3-18.

转为评价，强调拉尔夫·泰勒（Ralph W. Taylor）[①] 取向的评价概念，研究如何在认知领域阐释明确、可测量、可细分的教育目标；发展阶段（1965—1972），用法律的形式肯定了依靠测量技术来解决政府教育经费使用的疑惑，催生了现代教育评价，许多大学和研究机构建立了教育评价学科；价值评价阶段（1973—1984），开始强调评价的价值取向，并试图使用质性工具和量化工具合并的方式共同作为教育评价的工具；大规模发展阶段（1985 年至今），在专业协会的引领下，有组织地开展评价研究。[②]

第三种观点把教育评价的历史归纳为四个时期：创立社会科学早期的教育测量时代（1900s—1930s），考虑复杂教育实践图景的评价时代（1930s—1960s），把学校和课堂作为社会—教育组织进行研究的评价时代（1960s—1980s），真实性评价时代（1980s 至今）。[③]

第四种观点认为，美国教育评价的发展分为四个阶段：认为评价就是测量和测验的测量时期；以拉尔夫·泰勒的目标评价模式为代表的，认为评价在本质上是描述教育结果与教育目标一致程度的描述时期；把评价视为价值判断过程的判断时期；以质性评价为主流的建构时期。这四个时期的特点可以分别用四个概念来概括：测量（measurement）、

---

① 本书共出现三个以“泰勒”为姓的美国人：拉尔夫·泰勒，教育专家，“八年研究”的代表人物；弗雷德里克·温斯洛·泰勒（Frederick Winslow Taylor），管理专家，《科学管理原理》的作者；詹姆斯·泰勒（James M. Taylor），瓦萨学院校长，“十人委员会”委员之一。由于弗雷德里克·温斯洛·泰勒在本书中出现的次数较多，因此简写为“泰勒”；拉尔夫·泰勒和詹姆斯·泰勒出现次数较少，在书中出现时都用全名，不用简写。

② See B. R. Worthen, J. R. Sandersand and J. L. Fitzpatrick, *Program Evaluation: Alternative Approach and Practical Guidelines (third edition)* (New York: Longman, 2004), p. 10.

③ 参见埃利奥特·W. 艾斯纳《教育想象——学校课程设计与评价》，李雁冰主译，教育科学出版社，2008，第 201—206 页。

评价（evaluation）、研究（study）和评定（assessment）。[①]

（二）本书时间段划分

以上分类方式各有侧重、各具特色。然而，各种分类方式都认为以拉尔夫·泰勒的“八年研究”（1933—1941）[②] 作为终点，20 世纪 30 年代之前是美国教育评价发展的奠基时期。1932 年，进步主义教育协会的中学与大学关系委员会（The Commission on the Relation of School and College，Progressive Education Association）发表了名为《关于改善中学与大学合作关系的建议》（“Proposal for Better Co-ordination of School and College”）的报告，拉开了“八年研究”的序幕。“八年研究”试图通过中学和大学研究者的合作，探索和建立一种能够允许和鼓励在中学进行改造的中学与大学关系。[③] 按照《第四代评估》中的观点，在美国教育评价发展的历史上，“八年研究”结束了以“测量”为唯一标准的时代，开启了“目标—反应范式”的评价新时期。本书探讨的是美国教育评价的奠基时期，因此本书探讨的时间段终点是“八年研究”开始的时间，即 1933 年。

以上各种分类方式的不同之处在于对这个阶段的起点划分，有的认为始于 19 世纪早期，有的认为始于 20 世纪早期。本书认为，教育评价是一种教育科学活动，在实践层面是学校教育教学行为的必要组成部分，在研究层面是教育科学研究的应有之义。教育评价活动作为学校教育教学行为组成的一部分，前提是学校教育已经走出象牙塔，成

---

① 参见埃贡·G. 古贝、伊冯娜·S. 林肯《第四代评估》，秦霖等译，中国人民大学出版社，2008，第 2—5 页。

② 关于“八年研究”的起始时间有两种说法：1933—1941 年与 1934—1942 年。本书采用第一种说法。

③ See Aikin M. Wilford，“ Adventure in American Education，”in *The Story of the Eight-Year Study：With Conclusions and Recommendations*，Vol. Ⅰ（New York：Harper & Brothers，1942），p. 116.

为具有一定规模的、有组织的社会单位系统。

始于19世纪30年代、终于19世纪末期的美国公立学校运动（Common School Movement）建立了一种对所有儿童开放、依靠公共税收支持和实现公共管理的、不属于任何教派的、统一的、免费的公立学校制度，使美国90%的适龄儿童都可以接受教育。这种大规模的公立教育体系是本书所探讨的“教育测量与美国学校变革”中的“学校”的具体内涵。因此，19世纪末期之前的教育评价活动不属于本书的研究范畴。

教育的科学研究，必须有两个前提：一是学界认可人类行为可以用数量的方法来研究，二是人类懂得一些调查时必须使用的统计方法。[①] 19世纪中后期，在查尔斯·罗伯特·达尔文（Charles Robert Darwin）的进化论基础上，自然科学逐渐成为西方文明的重要组成部分，社会科学开始萌芽和发展。教育学成为一门科学是建立在心理学和管理学科学化的基础之上，教育科学研究的测量工具也是在心理测量和管理测量工具的基础上发展和改进而来的。

综上所述，在美国历史上，作为一种教育科学活动的教育评价，其在发展奠基时期需要解决和明确以下三个问题：公众和学界接受“教育行为可以测量”，心理学或管理学领域具有开展教育测量的科学工具，学校教育系统的管理者和教学者有意将教育评价纳入必要的学校教育教学环节。

基于以上考虑，本书主要论述美国教育评价的奠基时期教育测量的发展，把《十人委员会报告》（“Report of the Committee of Ten”）发布的时间，即1893年，作为探讨的时间起点。《十人委员会报告》是

---

① See Leonard P. Ayres, "History and Present Status of Educational Measurement," in *Seventeenth Yearbook of the National Society for the Study of Education*, ed. National Society for the Study of Education (Bloomington Illinois: Public School Publishing Company, 1918), pp. 9-15.

美国教育测量的起点，表现为以下两个方面。

第一，《十人委员会报告》的发布是“新教育”（new education）兴起的标志。“传统教育”（classic education）认为，学习的首要任务是培养学生思维的能力，而学习内容，即课程，并不重要。“新教育”的观点认为，学习生活只是学生广泛的社会生活中的一个阶段，学生在学校中“学习什么”才是最重要的，学习的内容要最大限度地和未来的生活相关联，为未来生活做准备。

“传统教育”和“新教育”迥异的课程观反映了两者具有不同的心理学基础。“传统教育”以心智训练（mental discipline）为基础，认为所有解决问题的能力都要依靠学生的“思维”（也叫作“心智”），心智是一个整体，不可分割。学习的目的就是要培养学生的心智，当心智训练到一定程度之后，可以学习任何知识、解决任何问题。只有希腊语、拉丁语、数学、文学四门课程对训练心智有帮助，因此只需要学习这四门课程。

“新教育”的兴起昭示着心智训练观念的式微和实验心理学、认知心理学的兴起。认知心理学认为，问题解决的能力依赖大脑的不同区域，对这些区域的有针对性的训练有利于培养解决问题的能力。学习就是要针对大脑中的不同区域，习得不同的知识，锻炼各个部分的能力。因此，建立在认知心理学基础上的课程观认为，英语、植物学等所有和现代生活相关的课程都应该纳入学校的课程体系中。

最好地反映这个时代两种心理学思想的交锋，以及其在教育学领域中的应用的载体就是美国教育协会（National Education Association，NEA）发表的《十人委员会报告》。《十人委员会报告》突破了原先单一的四门课程的模式，认为英语、地理等现代课程与希腊语等古典课程，具有同等的训练学生心智的功能，并且提出了四种课程体系，这是现代课程的开端。

第二，《十人委员会报告》首次提出以学习时间来衡量学生对课程的掌握程度。在18世纪末期之前，美国大学中的学生评价，是以教师的口试为评价标准的。19世纪中后期，伴随着入学人数的增加、学校课程的复杂，口试的难度也随之上升，口试的弊端日益凸显。《十人委员会报告》首次提出，以学生在一门课程中的学习时间的长短，作为衡量学生对这门课程掌握程度的标准，并且规定了四种教学方案中每个课程的教学时间。这就用一个外在的、客观的标准实现了不同课程之间的"换算"和"等值"。这是美国"标准化课程"的起点，"标准化课程"是"标准化考试"的起点。

二、核心概念

（一）教育测量运动

教育测量运动（The Movement of Educational Measurement）是本书专有的概念，特指在1893—1933年，美国教育学领域的专家，通过借鉴工商业领域、管理学领域和心理学领域的测量工具，在理论层面推动教育测量技术从无到有的发展，在实践层面推动测量技术在个体差异、学校课程、学校管理三个方面的使用的历史进程。这一历史进程迎合并反映了19世纪末期至20世纪初期的时代精神，解决了公立学校面临的学校效率低下、学校课程僵化等现实问题，确立了督导（superintendent）成为公立学校的实际管理者的地位，实现了大学中教育学和心理学的学科专业化。

根据测量对象的不同，教育测量运动包括个体差异的测量、课程的测量和学校管理的测量三个部分。这三个部分并非是完全并列关系。这三个部分存在时间上的先行后续的关系：个体差异的测量发生的时间最早，学校管理的测量发生的时间最晚。这三个部分还存在一定程度上的因果关系，个体差异的测量提供了教育测量的工具和技术，课程的测量和学校管理的测量是测量工具和技术在课程领域中、学校管理领域中的应用。因为有了个体差异的测量技术，课程和学校管理中的测量才成为可能。站在教育测量对美国学校变革的影响角度来看，学校管理的测量影响范围最大。学校管理的测量是测量技术在学校这个实践领域中的大规模应用，也正是通过这种大规模应用，教育测量才得以成为美国学校的常规管理环节之一，才得以实现教育管理者身份的转型。在美国教育史上，学校管理中的测量具有一个专属概念——学校调查运动。

学校调查运动是教育测量在公立学校系统中的应用。在教育测量的工具被开发出来后，为了解决公立学校面临的问题，完成社会公众对公立学校的期待，走出自身的身份困境，公立学校中的实际管理者——督导，与大学教育学院中的教师，通过心理测量和教育测量这种“科学”相遇、结盟，形成一个学术和实践的共同体，这个共同体推动了智力测验在学校中的大规模使用，强调用调查的方式改进学校管理，主导教育测量成为美国公立学校教育活动中的常规环节。

（二）教育测量

广义的教育测量（Educational Measurement）是根据测量学的原理，运用测量学的有关方法，对教育现象及其属性进行量化研究的过程。今天，我们谈到教育测量，通常是指教育测量的技术。教育测量首先是一门技术。教育测量的技术包含教育测量的原理、教育测量的方法、教育测量结果的使用等多个方面。随着时间的推移和技术的进步，教育测量技术的更新迭代非常迅速，今天在教育活动中使用的教育测量技术与100多年前使用的教育测量技术有了巨大的改变，甚至可以说变得“面目全非”。研究100多年前教育测量的技术问题对当今教育实践的指导价值相对有限。本书研究的主题是教育测量与美国学校变革，关注的是教育测量的社会功能。

在本书研究的主题设定下，对教育测量的内涵和外延做如下说明。

在本书研究的时间段内，教育测量等同于教育评价。古贝和林肯在《第四代评估》一书中，认为 19 世纪末 20 世纪初被称为“测量时期”，被冠以“效率时代”“考试时代”“测量时代”等多个关键词。① 因此，这个时间段内，教育评价就是教育测量。

在本书研究的时间段内，教育测量和心理测量是一对内涵和外延高度重叠的概念。这主要基于以下三个原因：第一，教育学学科的基础是心理学和哲学，在本书研究的时间段内，作为一门学科的教育学正处在逐步确立自身“合法性”的阶段。教育学正在借助实验心理学中的工具和方法，逐渐从哲学中脱离出来，成为独立的教育学科。第二，今天我们所指的测量专家包含掌握测量技术的专家，也包括数学、英语等学科方面的专家。在美国教育评价的发展历史上，本书研究的时间范围内，测量专家特指具有测量技术的专家，而不包括学科专家，这一现象在 20 世纪 30 年代之后有了改变。第三，从事心理测量和教育测量工作的人，几乎是同样的一群人。这个群体以美国大学中的教育学和心理学的教师为主体。通常，一位教授既是教育学院的教授，也是心理学院的教授。例如，哥伦比亚大学的桑代克教授。

（三）社会效率

“效率”一词的英文为 efficiency，源自拉丁文 effieientid，原本是指“有效的因素”，属于哲学范畴。到了 19 世纪，效率作为一个科学概念，被应用于物理学和工程学，表示有效输出量与输入量之间的比值。20 世纪 40 年代，卡特·古（Carter V. Good）教授编撰的《教育辞典》（*Dictionary of Education*）将效率解释为“以尽可能少的时间和精力，达到完成尽可能多的工作的理想结果的能力”②。

在本书涉及的时间段内，“效率”包含以下四层意思：第一层是一种个人品质（Personality）。一个有效率的人是对个人性格的一种描述，

---

① 参见沈玉顺主编《现代教育评价》，华东师范大学出版社，2002，第 5 页。

② Carter V. Good, *Dictionary of Education* (New York: McGraw-Hill Book Company, 1945), p. 400.

有效率的人被认为是一个高效的人，能够胜任艰辛的工作，远离情绪困扰，强调纪律而不是同情，强调男性气质而不是女性气质。第二层是机器效率（Mechanical Efficiency），指的是机器的投入和产出的比例，这是伴随着蒸汽机的使用而成为工业领域的一个核心概念。第三层是商业效率（Commercial Efficiency），指的是利润的投入和产出的比例，这在科学管理出现并被广泛应用的时期被广泛使用。第四层是社会效率（Social Efficiency），指的是人与人之间的关系，是基于“有能力的人”作为这个社会的领导层的合理性和必要性。①

在20世纪初期，在商业领域中，随着科学管理的兴起，第三层意思被广泛使用；在社会科学领域，尤其是教育学领域中，主要使用第四层含义。在本书研究中，社会效率主要是指第四层含义。社会效率是一种意识形态，是一种解决个人与社会之间矛盾的理论，认为社会与个人之间的关系，是社会秩序得以实现的基本保证。社会效率的意识形态代表着个体和社会的关系，社会的整体利益高于个体利益。

（四）学校效率

学校效率（School Efficiency）包含两层意思，一层意思等同于学校审计（School Accounting），有时候也叫作儿童审计（Children Accounting）；另一层意思则是学校内部使用科学管理的程度。

对第一层意思最早做出阐述，也是做出最清晰阐释的是马萨诸塞州牛顿市督学弗兰克·斯波尔丁（Frank E. Spaulding）。1913年，斯波尔丁在费城举行的美国教育协会督学分会的会议上的一篇演讲描述了他在新泽西州牛顿市的牛顿文法学校（Newton Grammar Schools）和牛顿高中（Newton High Schools）中的实践。斯波尔丁将学校和工厂做了严格的对比，他认为工厂的效率是投入和产出之间的比例，而

① See Samuel Haber, *Efficiency and Uplift: Scientific Management in the Progressive Era 1890-1920* (Chicago: University of Chicago Press, 1972), p. preface Ⅹ.

“教育产出无法测量，也不具有可测量性，对教育和教学的测量只能是对教育投入的测量。学校效率就是学校消费美金的数量，如果一个学校消费得少，这个学校就是一个有效率的学校。换句话说，学校效率就是‘经济节约’，‘经济节约’就是‘便宜’”①。

本书中的学校效率特指第二层意思。1910 年，科学管理原则由于解决了美国从分散的小工业生产到垄断的大公司制度变革的核心——管理效率问题，而掀起了一场工业管理领域中的革命，这场革命在一定程度上代表了美国 20 世纪初期至 1929 年经济危机之前美国工业管理领域中的核心价值。工商业中的变革构成了这一时期美国公立学校变革影响因素中的最强音。

（五）客观性测试

客观性测试（Objective Measurement）指计分客观，事先规定好标准答案，评分时没有评分者的主观和随意判断的测试。常用的客观测试题有是非题、填空题和多项选择题等，例如比奈-西蒙量表。客观性测试是教育测量发展历程中的一个阶段性概念，在 20 世纪初期被广泛使用，在今天的使用则相对较少。与客观性测试相对立的是主观性测试，主观性测试是教师根据自己对学生的感受而给出学生成绩的评价方式，主观性测试是 19 世纪中后期之前被广泛应用的主流的教育评价方式。标准化考试也称标准化测验（Standardized Test），是一系列流程的总和，指根据统一、规范的标准，对考试的各个环节（包括测试目的、命题、施测、评分、计分、分数解释等）都按照系统的科学程序组织，从而严格控制误差的考试。客观性测试是标准化考试的重要组成部分，从历史发展的角度来看，客观性测试的发展和成熟使得标准化考试成为可能。在本书探讨的时间段内讨论教育评价问题，多

---

① Frank E. Spaulding, *The Application of the Principles of Scientific Management* (Boston: Houghton Mifflin, 1929), p. 51.

使用"客观性测试"这个概念。

（六）科学管理

科学管理（Scientific Management），又叫作泰勒主义（Taylorism），是产生于1890年前后、繁荣于1915年前后的一种工业管理思想，它借由重新设计工作流程，对员工与工作任务之间的关系进行系统的、标准化的、客观的分析，以达到效率与生产量极大化的目的。① 科学管理的进步之处在于用精确的调查研究和科学知识来代替个人的判断、意见和经验，实现了管理从经验上升为科学的转变；科学管理的核心在于通过调查研究来寻求最佳的工作方法，追求更高的生产效率，达到效率优化的目的。弗雷德里克·温斯洛·泰勒是科学管理的集大成者，他于1906年出版的著作《科学管理的基本原则》（*The Principles of Scientific Management*）提出了科学管理的六条准则：第一，工作定额管理；第二，要为每一项工作挑选第一流的工人；第三，标准化管理；第四，差别计件工资管理；第五，区分计划职能和作业职能；第六，协调工人和雇主两方面的利益。②

最早系统阐述科学管理应用在学校中的原则的人是富兰克林·博比特（Franklin Bobbitt），他的一篇文章《消除教育中的浪费》（"The Elimination of Waste in Education"），被看作是科学管理在教育中应用的使用手册。博比特指出科学管理的四条原则："科学管理的第一条原则是在一切可以利用的时间内充分利用所有的设备。第二条原则是让每个工人发挥出他最大的工作效率以减少工人的人数。第三条是减

① See Hugh G. J. Aitken, *Scientific Management in Action: Taylorism at Watertown Arsenal, 1908-1915* (Princeton NJ, USA: Princeton University Press, 1960), p. 5.

② 参见F. W. 泰罗《科学管理原理》，胡隆昶，冼子恩，曹丽顺译，中国社会科学出版社，1984，第5页。

少浪费。第四条是将原材料加工成它最适合的成品。”① 博比特认为能够合理使用这四条原则的学校就是有效率的学校。

三、研究思路和方法

（一）研究思路

本书主要研究在 1893—1933 年的 40 年时间中，作为一门科学的“教育测量”从欧洲进入美国，进而成为美国教育研究领域的研究对象和公立学校中不可或缺的教育管理环节，这个过程为什么可以发生？如何发生？发生之后产生了哪些影响？

本书围绕研究问题，分为横向和纵向两条线索。从横向线索来说，全书根据教育测量的不同对象，分为个体差异的测量、课程的测量和学校管理的测量三个部分。横向线索是全书划分章节的主要依据，除了对社会背景和主要人物的描述构成两个章节之外，以上三个部分构成全书三个主要章节。从纵向线索来说，1893—1933 年，教育学从哲学怀抱中脱离成为“教育科学”，对这个过程的描述，不同的学科具有不同的分析视角和话语体系：科学史认为这个阶段是实证主义兴起的阶段；政治史认为这个阶段伴随着专业主义兴起，专家成为新的权力阶层的阶段；社会史认为这个阶段是商业精神占统治地位，形成“效率社会”的时期。

实证主义的兴起。很多历史学家认为，1890—1918 年是技术理性的全盛时代，技术理性超越了传统新教主义、道德精英理念等思潮，而一举成为最具有统治地位的思想。19 世纪末期，心理学已经脱离了哲

① Franklin Bobbitt,“The Elimination of Waste in Education,”in *Thirteenth Yearbook of the National Society for the Study of Education*, ed. National Society for the Study of Education(Bloomington: Public School Publishing Company, 1914), p. 69.

学的怀抱，成为一门独立的学科；伴随着威廉·冯特（Wilhelm Wundt）在莱比锡大学（University of Leipzig）实验室的建立，实验心理学和行为主义的兴起代替了传统的心智训练流派，成为占统治地位的心理学流派。因此，以统计学和心理学为学科基础的教育测量，在科学史上的兴起是实证主义这个“浪潮”中的一朵“小浪花”。

专业主义与官僚政治。专业主义社会学认为，专业是一种控制机制，专业是与阶级制度和权力结构相联系的一种利益分类方式。专业主义是一种集体性流动工程，通过这一工程，行业寻求控制专业市场（经济地位）和提高专业声望（特权与垄断）。[①] 教育测量就是这样一门“工程”，通过这一工程，教育行业的从业者寻到控制公立教育领域的“法宝”，推动自己安身立命的教育学学科成为一门科学，并以此实现自身的专家身份定位。教育测量进入公立教育领域的过程，就是这样一个“被利用”的过程。在这个过程中，教育学得以科学化，教育学者顶上了“专家”的名头，而大学中的“教育学院”得以建立，中小学中以管理者为首的科层制体制获得了合法化。

科学管理与效率社会的形成。在 19 世纪之前，“国家”并不是一种政府的形式，而是由美国社会每个个体的诚心和思想组成。教育中的领导和政治生活中的领导一样，是每个个体的诚心和思想的榜样，而学校存在的目的就是培养基督徒和共和国的成员。要想把宗教和政治、经济、教育完全分开是不可能的。至 20 世纪初期，美国已经完成工业化，建立起公司法团模式的现代管理形式，科学管理已经成为组织管理的一般方法，学校组织也遵循该路径成为一种现代组织。教育自身发展的逻辑不得不受到商业逻辑和科学管理逻辑的影响，甚至可以说，受到科学管理和商业精神影响的 20 世纪初期美国教育，在美国教育史

---

① See M. S. Larson, *The Rise of Professionalism: A Sociological Analysis* (Berkeley CA.: University of California Press, 1977), pp. 10, 95, 97.

上具有最鲜明的时代特征。一些将商业与教育融合的最极端的例子，都出现在这个时代。例如，埃尔伍德·帕特森·卡伯莱（Ellwood Patterson Cubberley）的名言“学校即工厂”；富兰克林·博比特等人以商业中的成本核算来计算学校财务和教育成果，都是这一精神的体现。由于商业领域的发展逻辑与美国社会当时的社会背景高度统一，所以社会效率观念兴起。“社会效率”认为，社会的整体利益大于个人的利益，对社会贡献越大，人的价值就越大。“心理测量”和“教育测量”就是要通过把个体的特质量化，放置于最适用的工作岗位上，以实现社会整体利益的最大化。

围绕横向和纵向两条线索，全书共分为五章。《学校变革的背景》一章是全书展开的背景，描述了世纪转型期，美国公立学校中遇到的经费、课程、管理等方方面面的问题。这一系列问题的产生是美国面对工业化、移民化等多种浪潮的必然代价，然而公立学校和学校教师却不得已成为被“问责”的对象。这些问题构成了教育领域中的“黑幕揭发”运动的前提，奠定了这个阶段开展教育测量变革的学校背景。

《教育测量运动的核心人物和协会》是将全书中涉及的关键人物和组织总和在一章之中统一介绍。虽然教育测量的对象可以分为心理、课程和管理三个方面，但是从事这三个方面工作的人却是同一个群体。造成这个现象的主要原因在于这个阶段教育测量中的专家是精通统计学或者测量学的专家，而不是学科专家。不同的教育测量领域是同一个或者类似的测量工具在不同学科领域中的应用。这一特点也是美国教育评价发展史上教育测量等同于教育评价这个阶段区别于其他发展阶段的显著特点。

《个体差异的测量》一章探讨了“个体差异”概念的出现及其被美国军方、学界和全社会接受的过程。“个体差异”的概念是伴随达尔文进化论的广泛传播和实验心理学的兴起而产生的概念。在这一概念产生的早期，个体差异主要表现为个体之间物理特征的差异。第一次世界大战最初的三四年时间内，为了应对欧洲战场复杂的现代战争，美国从 20 万的警察部队扩充为 300 万的正规军。心理测量用一系列量表和数字，在最短的时间内高效、准确地确定一个个体适合做海军还是陆军，适合做军官还是士兵。心理测验量表在这个过程中大放异彩。在这一过程中，心理学者实现了自身专家身份的转变，心理学科实现了科学化。

《课程的测量》一章聚焦世纪转型期“中学和大学之间的衔接”问题。一方面，这一问题根源于美国长期存在的分权制的教育管理制度，其在这段时间内成为全美教育界讨论的焦点；另一方面，课程的标准化是考试标准化的起点，探讨美国标准化考试的起源需要从探讨标准化课程开始。在这个时间段内，《十人委员会报告》和《大学入学要求委员会报告》（“Report of the Committee on College Entrance Requirements”）起到重要作用：前者首次用教学时间来衡量课程学习的成果，提出了“单元”（unit）的概念；后者进一步缩小了“单元”的概念，提出了不同课程之间如何通过“单元”来换算，实现了课程之间的“等值”，为学分制的出现奠定了基础。1901 年 6 月，美国大学入学考试委员会（College Entrance Examination Board）首次开展了全美大学入学统一考试，这成为美国标准化考试的起点。

《学校管理的测量》一章描述了教育测量这一技术在公立学校中的应用，也是全书的结论部分。大学中的教育学教授和公立学校中的督导，以“教育测量”技术为纽带形成一个利益共同体，推动了在公立学校中使用教育测量技术来测量学校管理的各个方面。通过“学校调查运动”，美国的公立大学中形成了教育管理学系，以卡伯莱为代表的教育管理专家们实现了自身“专家”身份的转变。本章还列举了部分城市和部分学校中“学校调查运动”的开展情况。

综上所述，全书用五个部分的内容回答了教育测量与美国学校变革问题。在 1893—1933 年的世纪转型期，美国公立学校中的督导和大学中的教育学、心理学教授们，以“教育测量”技术为纽带结合起来，形成一个以美国教育协会、拉塞尔·塞奇基金会（Russell Sage Foundation）等为阵地的利益联盟。这一联盟主导了测量技术从欧洲进入美国，在一战中被广泛使用，并成为解决公立学校管理问题的一种路径的过程。在这个过程中，教育学开始从经验上升为科学，教育学教授实现了自身的“专家”身份转变，教育测量技术在心理、课程、管理三个方面的广泛应用中得以改进和迭代。

（二）研究方法

作为一项历史研究，文献分析法是本书最主要的研究方法。文献分析法是指“通过对收集到的某方面的文献资料进行研究，以探明研究对象的性质和状况，并从中引出自己观点的分析方法”①。它帮助调查研究者形成关于研究对象的总体印象，有利于动态把握研究对象的历史与现状。除了涉及与研究相关的大量一手、二手文献之外，本书还挖掘到一些有影响力的美国教育专业研究协会的会议记录和年度报告。这些资料真实再现了那个时代美国教育的现状。本书通过将会议记录和年度报告等资料按照一定的逻辑、思路进行归纳、整理和分析，得出结论。

四、文献综述

（一）美国教育史中对“教育效率”的研究

雷蒙德·卡拉汉（Raymond Callahan ）1967 年毕业于哈佛大学，之后在特拉华大学（University of Delaware）历史系任教，他的《教育与效率崇拜：公立学校管理的社会影响因素研究》（*Education and the Cult of Efficiency : A Study of the Social Forces that Have Shaped*

① 萧浩辉：《决策科学辞典》，人民出版社，1995，第 302 页。

the Administration of the Public Schools）是研究工商业思想对美国公立教育影响的专著，它开创了一种全新的研究进步主义时期教育改革的视角，也是美国教育管理领域的经典著作。卡拉汉对进步主义时期效率思想兴起的分析集中在两本书中：《教育与效率崇拜：公立学校管理的社会影响因素研究》《学校督导——一种历史的分析》（*The Superintendent of Schools—A Historical Analysis*），这两本书的观点可以归纳为以下四个方面。

第一，20 世纪初期，工商业中的价值观在社会中的地位上升，商人和工业领域的管理专家获得更大的话语权，在这样的背景下，商人和工业领域的专家们一起将 19 世纪末的学校转化成具有商业色彩的学校。1910 年，标榜泰勒主义的"效率专家"的加入更加强化了这一行为。第二，到 1930 年，学校管理者不仅把自己看作是哲学家和教育的代言人，更把自己看作是职业经理人或者学校的执行总管。与此同时，学校管理者和公众希望学校变得更加"实际"，反智主义（anti-intellectualism）甚嚣尘上，学校中充满了对知识的不信任，卡拉汉把其称为"美国教育的灾难"。也正是在这个过程中，学校培养出来一批商业领域的教育管理者，他们仅仅知道怎样用商业的、组织的方式来管理教育，却并不懂教育，而传统的学校管理者没有丝毫抵抗就拱手让出了学校管理这块阵地。第三，是什么原因让教育管理者没有丝毫反对就接受了商业领域的价值观和实践呢？卡拉汉的答案是其"脆弱性"（vulnerability）。卡拉汉认为是学校督导职位的不稳定和收入的不稳定使得教育管理者无法坚守教育的价值。第四，卡拉汉认为教育科学并不是起源于教育实践或者教育理论，而是起源于泰勒的科学管理理论，教育中的进步主义改革者，一批"效率专家"才是导致美国教育改变的根源。

卡拉汉的著作出版后，受到了多方的褒奖，但是也有一些学者对其观点做出了不同程度的修正。提蒙·斯密斯（Timothy Smith）先生认为，工商业价值观对教育的影响在1900年之前就已经开始了，甚至可以追溯到1880年。同时，他认为，工商业价值观在教育中的应用并非开始于工商业者试图在教育中推行这样的观念，而是城市学校的管理者出于各种因素考虑将科学管理引入城市学校的管理体系中来。城市学校的督导并不脆弱，而是一个充满权力的部门。

梅里·科迪（Merle Curti）在1965年出版的《美国教育者的社会观念》（*The Social Ideas of American Educators*）一书的第六章《学校和商业精神的胜利（1860—1914）》中也探讨了科学管理对教育的影响。科迪认为，重商主义是美国人血液中一以贯之的一种精神追求，而在20世纪初泰勒的科学管理的思想流行并且在全社会形成一种"效率至上"的风气之前，与工业化相联系的科学管理的思想就已经在美国工业发展中被应用，并且波及教育领域。这种影响被第一次世界大战的爆发而打断，使得美国教育和管理的发展进入战时状态。

劳伦斯·阿瑟·克雷明（Lawrence Arthur Cremin）虽然非常认同卡拉汉的观点，认为商业变革、社会变革给教育带来了巨大的影响力，但是其著作《学校的变革：美国教育中的进步主义》（*The Transformation of the School*：*Progressivism in American Education*）认为，教育发展并没有被工商业发展冲击到完全改变原有的发展路径，每个个体依然可以遵循自己的安排，通过教育结构走自己的路。作者从"教育科学化"的角度来分析20世纪头20年公立教育和高等教育领域中对"效率"的追求。作者认为，对"效率"的追求的本质是科学地位的提升培养了民众用科学的话语体系来质疑教育的社会环境，而"效率"是教育科学家唯一能够做出的承诺。书中对"教育科学化"运动给予了客观的评价，作者认为，对于分享了桑代克"一种真正的教育科学梦想"的人而言，20世纪头10年是令人激动的，但是这种激动得益于第一次世界大战的爆发而冷却，否则会为教育科学的发展留下一种职业性的弊病。作者认为，大学中的教育统计学的兴起、公立学校内开展的教育测量运动和学校调查运动、美国教育协会节约时间委员会（Committee on Economy of Time in Education）开展的课程领域和学校管理领域的活动都是教育科学家追求“效率”的具体表现。

劳伦斯·维赛（Laurence R. Veysey）的著作《美国现代大学的崛起》（*The Emergence of the American University*）认为，效率追求是1900—1920年被高等教育改革者广泛讨论的一个话题，这种话题讨论程度在之前和之后都没有出现过。书中认为，效率观念是继个人主义之后，作为实用主义的一个分支出现在教育领域中，因为效率这个概念暗示着科学与实践的更彻底的结合。作者指出，进步主义时期的“效率”和“社会效率”是同义词。有些学者高估了“效率”的内涵，效率被认为是一种已经取代了品格培养而成为学院教育的主要目标的教育价值；有些学者认为“效率”追求仅仅停留在口号层面，因为全社会尚未形成对效率这个概念内涵的共识。但无论是教育口号还是教育价值，信奉实用主义的教育家都处于被时代追捧的状态。高等教育的观念经历了心智训练、宗教虔诚之后，向着重视科学研究、提倡实用主义的方向发展。

沃伦·布顿（H. Warren Button）于1983年出版的《美国教育与文化史》（*History of Education and Culture in America*）一书认为，20世纪前30年有两股潮流塑造了当时的美国社会和教育，一股潮流是以杜威为首的进步主义教育派，强调面对工业社会的发展，通过学校的变革来培养民主社会的公民，推动社会的民主化；一股潮流是大公司的强势发展带来商业的绝对统治地位，政治家通过市政精简、文官制度改革等活动来强化联邦政府的作用，减弱工商业的影响力。与此形成类比的就是教育领域的学区合并、督导职能转变等。从历史发展的角度看，第二股潮流的影响力要远远大于第一股潮流。但是，布顿对教育中第二股潮流的发展持否定和批评的态度，他认为这种潮流“简单化”了教育的逻辑，引发了大萧条之后大规模的教师工会运动。

亚历山大·里帕（S. Alexander Rippa）的书《自由社会中的教育：美国历程》（*Education in a Free Society : An American History*）的第五章第二节，探讨了教育中不断扩大的工商业力量。里帕认为，内战之后，北方工商业制度的胜利对美国社会发展产生了决定性影响，教育对效率价值的追求是最集中的体现。作者基于全国制造商协会（National Association of Manufactures）的年鉴和年会记录等翔实资料，再现了全国制造商协会中的专家对公立学校在提高教育效率的价值观的各种意见；详细描述了在全国制造商协会的要求之下，公立中小学课程中如何增加了工业教育相关内容，增加了哪些内容，及其增加工业教育相关内容之后对公立学校的影响。作者并不完全认同公立教育中追求效率的价值主张，作者认为对效率的追求忽视了学生的人格发展，窄化了教育的培养目标。

阿道夫·梅耶（Adolphe E. Meyer）在《美国人民的教育史》（*An Educational History of the American People*）的第十五章《教育中的科学管理》中，探讨了科学管理思想进入教育领域的过程，他认为这个过程起源于1883年斯坦利·霍尔（G. Stanley Hall）在约翰·霍普金斯大学（Johns Hopkins University）建立美国第一个心理学实验室。梅耶认为，教育中的科学管理的范围比较广泛，包括智商测试、教育测量运动、学校调查运动、课程重建运动、智力障碍儿童教育五个方面。梅耶认为，“科学管理”在这里并不是单纯指泰勒的科学管理在教育中的应用，而是面对社会的需求和教育自身的发展逻辑，教育领域用科学的方法改革的各种尝试。这个过程覆盖了从19世纪80年代至20世纪30年代的半个世纪。

澳大利亚教育家康奈尔（W. F. Connell）的《20世纪世界教育史》（*A History of Education in the Twentieth Century World*）是一本讨论世界范围内教育事业发展的著作。康奈尔依靠深厚的哲学基础和不断发展的学术事业，刻画了美国、加拿大两个美洲国家，英国、法国、德国等欧洲国家和亚非拉等国家的教育发展。作者认为，从 1890 年到第一次世界大战期间的 20 多年内，全世界教育的发展潮流是建立以“社会效果”为中心目标的教育体制，教育为社会效果服务。学校的课程要和当前的生活紧密结合起来，确保儿童熟练地做好工作。因此，“社会效率”是这段时间教育的价值追求。同时，作者认为，美国 20 世纪头 30 年出现了一场教育科学化运动（包括儿童研究运动、学校调查运动和教育实验研究运动），这场运动使得教育摆脱了原先仅仅依靠哲学的思辨和道德的追问的局面，而采用统计技术和定量研究的方法，开辟了截然不同的教育研究路径。

陈如平教授于 2004 年出版的《效率与民主——美国现代教育管理思想研究》是国内对美国进步主义时期的“教育效率运动”涉及最多的一部专著。作者将 20 世纪前半叶美国教育管理思想以 1930 年为界分为两个时期，前者以“效率”为主要追求，后者以“民主”为主要追求，作者认为这两个时间段是美国现代教育管理思想的奠基时期。作者综述了这两个时间段内有代表性的教育管理学者的教育管理思想，同时从教育管理研究的角度对 1910 年前后的教育测量运动和学校调查运动进行了简单的介绍。书中主要从教育管理的角度阐述美国公立学校对效率的价值追求，并没有涉及对效率的价值追求在学校教育的其他方面的体现，比如课程设置、教师管理等方面。

（二）管理学视角下的“科学管理”

丹尼尔·尼尔森（Daniel Nelson）的《泰勒和科学管理》（*Frederick W. Taylor and the Rise of Scientific Management*）是系统研究科学管理思想的知识基础、兴起的社会背景和兴起之后对美国和全世界的影响的著作。泰勒的科学管理思想的形成一方面得益于美国的商业和管理的发展，另一方面也得益于泰勒本人和工人之间的紧密联系，科学管理同时解决了管理的问题，也缓解了工人和管理者之间的激烈矛盾。作者认为泰勒本人有三个角色：工程师、公众人物和进步主义改革者。

前两种角色以 1910 年科学管理的社会广泛接受为标志划分，而第三种角色是由科学管理带来的工厂和工人之间关系的变化所决定的，泰勒的科学管理的产生和发展伴随着美国现代企业制度的产生和发展。传统的工厂采用“合约体制”，企业通过和拥有熟练技术的承包商签订合同，来完成企业需要生产的产品。随着 1890 年美国工业化的完成和美国在全球的迅速扩张，市场对工业品的需求大增，承包商通过努力工作、改进生产手段，获得了高额的收入，部分承包商的薪水要高于企业的管理人员，因此管理者压低生产商的报酬，激化了企业管理者和生产商之间的矛盾。科学管理通过将工人生产的过程标准化，成功地将工人的技术转移到管理者手中，同时提高了工人的生产效率、降低了管理成本，在此过程中，基于科层制的现代企业制度建立了。尼尔森认为泰勒的第三个身份是一名进步主义改革者，由于进步主义时代是强调专业主义的时代，而科学管理的出现造就了一大批熟练掌握科学管理技术的专家。

萨缪尔·哈伯（Samuel Haber）于 1964 年出版的《效率和振兴：进步主义时期的科学管理（1890—1920）》（*Efficiency and Uplift*: *Scientific Management in the Progressive Era*, *1890-1920*）是论述进步主义时期泰勒主义的起源、传播及其影响最为权威的著作。作者认为，尽管追求效率是美国人一以贯之的精神气质，但是只有在进步主义时期，效率等同于优秀，科学管理是一个非常好的考察 1890—1920 年美国社会发展的角度。作者以泰勒协会（Taylor Society）每年发行的年度会议手册为基本史料，考察了科学管理的起源，科学管理在美国社会中崭露头角直至广泛传播、遭到批评的发展全过程，并且深刻剖析了进步主义和泰勒主义之间互相影响、互为因果的错综复杂的关系。

茱蒂·默克尔（Judith A. Merkel）在《管理和意识形态：国际科学管理运动的神话》（*Management and Ideology*: *The Legacy of the*

International Scientific Management Movement）一书中认为，科学管理不仅仅是一种组织管理的方式，更是一种超越了政党、国界和工会的意识形态。全书分为结构完整的三部分，第一部分探讨了科学管理在美国产生的根基、产生的过程及其对美国社会的影响；第二部分是全书的主体，指出了科学管理在苏联、日本、德国、法国等主要工业国家的传播及其产生的影响；第三部分总结了科学管理这种意识形态包含的内容、科学观念的盛行等问题。默克尔在书中指出，科学管理的影响力被低估了，之前被认为是机器大生产为现代社会带来的影响实际上是由科学管理带来的。科学管理对现代社会的影响力包括科学管理的出现使得以手工技术为业的劳动者陷入了贫穷和处境不利的地位，造成了劳动者、管理者和资本所有者之间的紧张和对立关系。在教育领域中，科学管理给公立初等教育和中等教育带来了巨大的影响，催生了公立学校中一批具有专业知识的管理者的出现，但是没有带来公立学校“产品”——学生——质量的提升和数量的增多。科学管理和高等教育之间的关系是互惠互利的，大学里争相邀请泰勒及其弟子来做讲座，与科学管理相关的课程也丰富了大学的课程，直接促成了商学院的建立。与此同时，科学管理也借高等教育的平台得以广泛传播，被更多的人知晓。

（三）学科发展视角下的教育科学化研究

埃伦·康德利夫·拉格曼（Ellen Condliffe Lagemann）的著作《一门捉摸不定的科学：困扰不断的教育研究的历史》（*An Elusive Science: The Troubling History of Educational Research*）充分展现了从 19 世纪后期开始，各种利益相关者的活动如何促进教育这一研究领域的形成。拉格曼认为，以桑代克和查尔斯·哈巴德·贾德（Charles Hubbard Judd）为代表的支持教育测量运动的一批人通过教育测量运动和学校调查运动，极力主张将控制性试验和统计测量作为教育研究的基本方法，以此来代替传统教育学研究对哲学和历史学的依赖，这对美国的教育研究方法产生了颠覆性的影响。之后，这种定量研究范式在教育研究中的地位逐渐上升，传统的哲学研究方法日益衰微。但是，20 世纪早期参与教育测量和学校调查的研究者仅仅满足于“社会事件实录”（social book-keeping）式的研究方法，回避理论和哲学层面上的问题的探讨，完全沉浸在对调查研究方法的改进上，与具有相同研究对象的传统教育学研究者分道扬镳，同时也与其他社会学科的学者渐行渐远，这种趋势阻碍了教育科学的发展。

库尔特·丹齐格（Kurt Danziger）在《构建学科：心理学研究的历史起源》（*Constructing the Subject*：*Historical Origins of Psychological Research*）一书中，用批判的语言风格描述了心理学研究从无到有的历史发展过程，指出看似中立的方法论选择实质上有着深刻的政治诉求。他认为，心理学研究的历史就是心理学家出于自身专业化的目的，人为建构众多的假设、理论，加之于“心理”的事实之上，倾向于用实验和测量这种看似“科学”的手段去研究人为构建出来的“心理活动”，而不是描述个人化的心智活动。在“内省主义”和“行为主义”的矛盾中，行为主义逐渐占据上风。与此同时，心理学家将心理学的“科学工具”使用范围扩大，用于解决医学界、军事界和教育管理界面临的问题，在强化自身的专业影响力的同时构建起心理学独特的学科类别和研究范式。

丹尼尔·布尔斯廷（Daniel J. Boorstin）著的《美国人：民主历程》（*The Americans*：*The Democratic Experience*）一书将对智商测验和学能测试的分析置于美国民主社会这种意识形态的背景下，从社会生活的方方面面描述了各行各业对统计方法的使用情况，包括人口普查行业、银行保险业、教育行业等。该书认为，教育中对智商测量方式的倚重是美国人寻求以统计数字为基础的方式划分社会集团的尝试，同时，美国人将智商测试作为“排除弱智者的威胁”的重要武器。一战前后，智力量表被用来检验士兵是否符合战争的要求。20 世纪 30 年代之后，继智商测验之后，教育部门开发出了学能测试，被称为“各学科中的智商测试”，作为检验中学毕业生是否能顺利进入大学的考察指标，用来筛选入学者是否符合学校的入学要求，一些少数族裔移民的后代因此被排除在公立教育之外。丹尼尔·布尔斯廷认为，和所有的社会一样，民主社会也需要寻找一种将人群分类的方法，看似中立的数字提供了一种绝好的分类媒介。20 世纪早期，统计社会的兴起是美国民主生活的副产品，但是随着时代发展，人们赋予中立的数字以政治意义，最终背离了最初数字作为民主社会副产品的意义。

约翰·诺顿（John K. Norton）于 1947 年在美国《教育研究杂志》（*The Journal of Educational Research*）上发表了《美国管理研究的先驱》（“Frontiers in Educational Research in General Administration”）一文，该文将学校测量运动、学校调查运动作为教育管理研究的一部分。诺顿认为，20 世纪 30 年代之前，美国教育管理研究偏重于学校效率和教育测量两方面，主张用统计法来研究教育管理问题是这个时代教育管理研究的鲜明特色。20 世纪 30 年代之后，教育研究开始关注给数字赋予意义，开始追问教育的本质、教育研究的功能等元教育学的问题。

20 世纪 20 年代至新中国成立前，以胡适、陈寅恪为首的一批留学欧美的学生将留学国家的教育著作纷纷译成中文，并且结合中国的国情对欧美的教育理论有所发展和创新，完成一批教育管理和科学管理的优秀作品。1931 年郜爽秋先生出版的《教育调查》（上）用 12 页的篇幅介绍了美国学校调查运动。黄敬思先生于 1923 年在美国斯坦福大学追随希尔斯（Hills）先生学习。回国后，他用希尔斯先生的《学校调查：公立学校管理中学校调查的应用教科书》为讲义教授学校调查的课程。同时，他翻译了该书稿，1937 年正式出版了《学校调查》一书。这是由我国学者编著的、探讨教育调查和教育评价问题的最早的一部书籍，是中国学者研究美国教育科学化问题必须关注的第一本书。

（四）教育督导群体社会特征的研究

戴维·泰亚克（David B. Tyack）的《一种最佳体制：美国城市教育史》（*The One Best System : A History of American Urban Education*）一书，把20世纪初期教育领域中的进步主义者分为管理进步主义者和教学进步主义者。作者认为前者塑造了美国20世纪初期至今的美国公立学校教育体系，而后者仅仅是提供了一种描述教育目标和教育现象的话语体系。伴随着公立教育体系的变化，督导职能发生了极大转变，从没有任何实质性权利、受制于学校委员会的附属角色转变为具有学校管理专业知识的专业管理者，拥有对学校教学、教师任免等工作的话语权。同时，泰亚克还探讨了督导职能上升过程带来的教育控制权的斗争，例如“市政精简运动”和“撤销学区运动”。在本书的最后，泰亚克以纽约、费城、圣路易斯、旧金山四个城市为典型案例，探讨了城市教育管理控制权的斗争在每个城市的具体表现形式。

戴维·泰亚克的文章《朝圣者的进步：学校督导的社会史（1860—1960）》（“Pilgrim's Progress：Toward a Social History of the School Superintendency，1860-1960”）是泰亚克继《一种最佳体制：美国城市教育史》一书之后对督导职能演变的一次集中的描述。泰亚克认为，对督导职能的描述最全面的学者是雷蒙德·卡拉汉，但是卡拉汉并没有对督导这个教育管理群体进行社会史的概括性的描述，而泰亚克这篇文章就是在进行这样一种尝试。在20世纪之前，“国家”并不是一种政府的形式，而是由美国社会每个个体的诚心和思想组成的想象的共同体，教育中的领导和政治生活中的领导一样，是每个个体的诚心和思想的榜样，学校存在的目的就是培养基督徒和共和国的成员。因此，要想把宗教、政治和经济生活完全分开是不可能的。这时候的督导完全符合维多利亚时代的领导者的特征：英裔美国人、资产阶级、福音派教徒。至20世纪初期，美国已经完成了工业化，建立了公司法团模式的现代管理形式，科学管理已经成为组织管理的一般方法，但是督导的这种“自命不凡”“自视为救世主”“在任何情况下都积极的心态”并没有发生改变。泰亚克认为，这是由于督导本身的“社会性格”所决定的：男性、第二代或第三代移民、终身从事教育行业、共和党人等，这些个性决定了督导这个群体并不随社会环境而改变的气质。文章最后，作者指出20世纪督导社会化的两种模式：一种是小社区中的督导社会化模式。乡村或者是人口较少的社区，当地居民对教师和学校中的工作人员都有一种道德上近乎神化的取向，他们并不要求教师有很高的职业水准，但是需要在道德上白璧无瑕。同时，由于工作成果测量的困难，教师追求职业发展最安全的路径就是保持常规。通常，能够在教师岗位上坚持下来的男性教师会成为当地的督导。另一种是城市中的督导社会化模式。城市由于规模较大，督导不需要承担当地道德楷模的作用，私生活也不会被过多窥探，因此，大城市中的督导在20世纪之后逐渐开始发展自身的专业技能，与大学中的管理学教授互相支持，促进各自的专业发展。全文最后，泰亚克指出大城市中的督导由于自身专业知识的不断增加，开始夺取教育管理的控制权，并且取得了胜利。

卡尔·凯斯特尔（Carl F. Kaestle）在《城市学校体制的演变：纽约市（1750—1850）》（*The Evolution of an Urban School System：New York City，1750-1850*）一书中，聚焦纽约市在18世纪末到19世纪中期教育管理框架的变化，并且在此基础上试图解释学校什么时候、为什么及如何组织成为一种体制。作者追溯了纽约市的学校教育和社会机构的历史，描述公立学校在18世纪末到19世纪中期招生规模的扩大和学校社会职能的转变。在这个过程中，纽约市的督导数量实现大幅增长，督导职能的稳定性大大提升。凯斯特尔认为，在1750年至1850年这100年间，伴随着纽约城市学校体制的建立，纽约市督导开始了从“福音派教师”向“现代管理者”角色的转变。

约翰·斯密斯（John Karen Smith）在1977年出版的《埃拉·弗

拉格·杨》(*Ella Flagg Young*)一书对杨女士的教育管理思想进行了系统的描述。杨女士1895年进入芝加哥大学，在职进修教育学，师从杜威，1899年被聘请为芝加哥大学教育学副教授。在杜威的指导下，1900年，杨女士获得博士学位。1905年，杨女士在杜威辞职后也随之辞职。之后，杨女士任芝加哥师范学校校长。1909年至1915年任芝加哥市督学，是美国大城市中的首位女性督学。在任芝加哥市督学期间，杨女士要求教师必须尊重学生智力的完整性，同时管理者必须尊重教师。杨女士非常反感对课程的集权式控制，反对自上而下的学校行政管理，强调一线教师们在教学工作中的经验不可忽视，坚决维护教师的权利和自由，坚决抵制教育管理者以"科学管理"之名夺取对学校的控制权。她这一做法在芝加哥取得了巨大成功，并且这种影响向全国扩散。1910年，杨女士当选美国教育协会首任女性主席。她在任美国教育协会主席期间，大力推动女性教师在美国教育协会中担任相关职务。

（五）专业协会的研究

埃德加·布鲁斯·韦斯利（Edgar Bruce Wesley）于1957年出版的《美国教育协会的一百年：教育专业的建立》(*NEA: The First Hundred Years: The Building of the Teaching Profession*)是应官方邀请，为美国教育协会百年庆典而做的资料，也是较早的系统梳理美国教育协会的发展历史的专著。本书基于美国教育协会每年出版的官方记录，以美国教育协会的视角来记录美国教育这100年的发展历程。与其说韦斯利是在美国教育发展的大背景下来审视美国教育协会的发展，还不如说是以美国教育协会为一个视角来探讨美国教育的发展。从宽泛的意义上讲，美国教育协会100年发展的历史是美国教育这100年走过的历程。韦斯利对进步主义运动、公立高中的兴起、儿童中心运动等历史事件的描述超越了美国教育协会所发挥的作用，从更加广阔的视角来描述美国教育在100年中发生的变化。尽管该书探讨的内容涉及美国教育的方方面面，在结构上相对松散，给人以繁复芜杂之感，但是全书一以贯之的主线是美国教育协会承担了美国教育专业化的过程。这一过程包括义务教育的普及带来的学校结构调整、中小学教师和教育管理者专业身份的确认、大学中教育学学科的建立等，这些都是教育专业化所涵盖的领域。韦斯利认为，在最初的100年中，美国教育协会在美国教育发展中承担教育理念的支持者、专业化的缔造者、教育行业的领头羊和教育信息的集散地这四种角色，它为美国教育专业化所做的贡献是没有一个协会能与之比肩的。也许是由于该书是应官方邀请所做的庆典资料，全书没有涉及美国教育协会对女性会员的歧视、教育管理者和教师之间的尖锐矛盾等被广泛诟病的内容。

韦斯利这部著作出版时间较早，开创了对美国教育协会研究的潮流。20世纪50年代之后对美国教育协会的历史研究，都无法绕过韦斯利的这部著作，甚至可以说，后来的学者们都是建立在对韦斯利研究批判的基础上去构建自己的研究。韦恩·厄本（Wayne J. Urban）在《性别、种族和美国教育协会：专业主义和局限性》（*Gender, Race, and the National Education Association: Professionalism and Its Limitations*）一书中指出，韦斯利在1957年出版的这本“世纪图书”充满了毫无鉴别力的描述和厚颜无耻的歌功颂德。韦恩·厄本的《性别、种族和美国教育协会：专业主义和局限性》一书从专业主义、性别和种族三个方面来分析美国教育协会100多年的历程。从创立之初到1917年，美国教育协会的主要任务是强调专业主义，这使得它区别于单纯的教师工会；1917年至1970年，专业主义主要体现在确立教师的职业标准和为学生、社会服务上；1970年之后，美国教育协会完全撇开了专业化成为一个彻头彻尾的教师工会组织。在美国教育协会成立的这100多年时间里，对女性教师和对黑人教师的歧视始终贯穿其中。1917年前后，一位女性教师任美国教育协会的主席，这在一定程度上改变了女性教师的地位，但是其在更大程度上还只是象征意义。厄本认为，对美国教育协会的历史研究者大多数是男性白人学者，而男性白人学者对女性和非白人群体的关注不够，因此不能全面反映以女性教师为主的美国学校教师的生存状态。韦恩·厄本指出，大多数对美国教育协会研究的历史著作试图去纠正韦斯利所强调的美国教育协会的自上而下的组织特点，把美国教育协会与工会特征非常明显的美国教师协会（The American Federation of Teachers）相比，批判美国教育协会没有履行创建之初对教师的承诺。

戴维·斯登（David Selden）在20世纪80年代出版的《教师的反抗》（*Teacher Rebellion*）一书从美国教育协会和美国教师协会这两个协会的活动来探讨美国教师争取自身权利的过程。斯登是美国教师协会的工作人员，他在书中指出，20世纪60年代之前的美国教师协会都没有履行保护教师权利的职责。从20世纪60年代之后，受到美国教师协会在纽约市和其他大工业城市开展的为争取自身利益的集体斗争的影响，所有的教师组织都不得不对教师的需求做出回应。斯登认为，20世纪60年代之后的美国教育协会是被学校管理者所统治的毫无希望和生机的组织，这个组织对教师的利益毫不关心。

艾伦·韦斯特（Allan M. West）是美国教育协会的官员，于1961—1973年在美国教育协会总部工作，1973—1985年在州层面的美国教育协会工作。正是由于这样一种身份，韦斯特提供了看待美国教育协会的“局内人”视角。他的作品《美国教育协会：教育的权利基础》（*The National Education Association*：*The Power Base for Education*）主要描述了在20世纪50年代至20世纪80年代，美国教育协会在社会变革的推动、对手的崛起的激励以及内部工作人员的努力三方力量作用下转型的过程，最终一线教师通过集体抗议等一系列劳工运动，成功地从教育管理者手中夺回了一线教师对教育的自治权。20世纪80年代之后的美国教育协会已经成为一个彻头彻尾为一线教师的利益服务，并且用激进的工会活动方式来争取会员、争取资源的组织。美国教育协会不断利用日益丰富的组织资源实现对美国政治事务的介入和干预，直接或间接地影响教育决策。美国教育协会的新形象引起了广泛的争议和批判。

《教育、科学和知识政治：美国教育研究协会（1915—1940）》（“Education，Science，and the Politics of Knowledge：The American Educational Research Association，1915-1940”）是一篇对美国教育研究协会（The American Educational Research Association）的历史分析较有影响力的文章。本文在占有翔实史料的基础上，应用组织动力学的分析方法分析了美国教育研究协会从成立之初到 1940 年发生的变化。本文将 1915—1940 年美国教育研究协会的发展分为两个阶段：协会创立阶段（1915—1919 年）、稳步发展阶段（1919—1940 年）。从 19 世纪末期开始，公立学校的管理者给大学教育研究者提供了开展实证教育研究的“试验场”，大学教育研究者为公立学校的管理者提供了培训的机会，基于构建自身的专业身份这个共同的目标，大学中的教育研究者和公立学校的管理者结成一种稳固的联盟。美国教育研究协会的出现就是这个联盟发展并走向成熟的标志，实证主义和定量研究方法等技术手段的应用和推广进一步强化了这个联盟。

（六）对教育测量的批判

卡罗·特纳·芭莎（Carolyn Terry Bashaw）是威廉·赫德·克伯屈（William Heard Kilpatrick）在佐治亚大学的博士研究生，他于 1985 年撰写的博士论文《威廉·赫德·克伯屈：效率崇拜的憎恶者》（“William Heard Kilpatrick：Dissenter from the Cult of Efficiency”）是对教育效率崇拜及其批判者两方观点的系统梳理。芭莎将卡拉汉的《教育与效率崇拜——公立学校管理的社会影响因素研究》作为本文研究的起点，认为卡拉汉 200 多页的著作中仅有 10 页左右是在探讨反对教育效率崇拜的观点，给读者造成一种误解，似乎 20 世纪早期的教育学者中反对效率崇拜的仅仅是少数，实则不然。芭莎通过梳理克伯屈的文集和 20 世纪早期反对教育效率崇拜的著作，从教育目的、学习、课程、教学、管理、测量六个方面来对教育效率崇拜的支持者和反对者的观点进行历史的、文献学的梳理。芭莎认为，克伯屈是一个低调的，但是坚决地反对教育效率崇拜的教育学者，尽管克伯屈并没有在公开场合来反对效率专家们的意见。具体到文章的每一章，芭莎分别把各方观点罗列出来，但是并没有进行哲学层面的对比和分析，也许正如其本人在导言中所说，本文进行的仅仅是历史的、文献的梳理。

亚瑟·澳斯（Arthur G. Wirth）在《职业教育与自由教育争论的哲学问题（1900—1917）：杜威与社会效率哲学家》［“Philosophical Issues in the Vocational-Liberal Studies Controversy（1900-1917）：John Dewey vs. the Social Efficiency Philosophers”］一文中对比了社会效率的支持者和自由教育的支持者对待职业教育的不同态度。其中，自由教育的代表人物是约翰·杜威，社会效率支持者的代表人物是马萨诸塞州教育专员戴维·斯内登（David Snedden）和泰勒的弟子弗莱德里克·费石（Frederick Fish）。两派的最大分歧在于用单轨制还是双轨制作为实现社会民主的路径。戴维·斯内登要发展双轨制，要以效率之名让不同天份的学生进入不同的职业轨迹；杜威不同意双轨制，他想要通过教育最大化发挥学生的潜能，为实现社会民主做准备。

在杜威及其追随者中，对教育中推行教育管理的方法仍然存在分歧。哈佛大学 1986 年由施瓦茨·凯瑟·贝克（Schwartz Kathleen Barker）提交的博士论文《1900—1920 年的教育：强调科学或者强调实践》（“In Education，1900-1920：One Specializes in Science，the Other in Practice”）客观地再现了这种分歧。本文历史地梳理了 20 世纪前 20 年公立学校教育管理中的改革，贝克认为 20 世纪前 20 年教育领域中出现的学区合并和督导职能的专业化是和工业领域所盛行的科学管理相平行的管理制度改革，在教育领域和工业领域都过分强调了管理者（督导和职业经理人）的职能而弱化了学校和工厂的其他方面，例如，学校和工厂的“生产者”——教师和工人，学校和工厂的“产品”——学生和产品。在这样的制度框架下，贝克分析了教育中反对科学管理的两种流派的观点，一派是以玛丽·帕克·傅雷（Mary Parker Follett）为代表的人际关系管理派别，削弱科学管理在企业管理中的地位；另一派是以杜威为代表的民主管理派，强调学生在学校中的主体地位，并要求教师成为学校的真正主人。两派都反对科学管理思想在教育中的应用，但是前者试图诉诸科学，后者试图诉诸教学实践。

第一章　学校变革的背景

从 1890 年到 1918 年，美国总人口的增长率只有 68%，中学入学人数从 202 963 人增加到 1 645 171 人，增长率高达 711%。[①] 一方面由于 1874 年卡拉马祖案（Kalamazoo Case）的判定给公立高中带来难得的发展机遇；另一方面由于 19 世纪中后期美国移民数量高速增长，移民以北欧和犹太人为主，为了迅速实行美国化，大多数移民选择进入公立高中学习。不断壮大的学校系统提升了公立学校在美国社会中的影响力，学校在个人发展中扮演着日益重要的角色，学校日益成为社会和家长关注的重心。然而，学校自身并没有做好应对挑战的准备：学校内部的课程设置、经费预算、人事管理无法适应短时期急剧增加的学生人数，而且庞大的毕业生数给中学教育的终端——大学——也带来了巨大挑战。与此同时，19 世纪末 20 世纪初的美国遇到了通货膨胀，生活费用上涨了 30 个百分点，学校的实际开支屡屡超过预算。“不管为学校辩护的哲学多么高尚，对比之下，19 世纪 90 年代的学校始终是一个令人沮丧的地方，各处都面临着学生、教师、教室及美元的问题。”[②]

---

① 参见戴维 · B. 泰亚克《一种最佳体制：美国城市教育史》，赵立玮译，上海人民出版社，2010，第 184 页。

② Lawrence A. Cremin, *The Transformation of the School : Progressivism in American Education (1876-1957)* (New York: Alfred. A. Knopf, 1962), p. 20.

第一节　公立中学的问题

美国公立学校入学人数急剧增加构成了社会转型期公立学校面临的最大问题，这一问题对学生、学校和社会这三个方面的影响作用构成了黑幕揭发的讨论话题，促使美国教育领域“黑幕揭发运动”（The Muckraking Movement）成为一种必然。不断壮大的学校系统提高了美国公众的识字率，这为报纸和杂志等现代新闻传播媒体准备了巨大的阅读群体，任何在媒体上形成讨论的话题都会在最短时间内影响到更多的人群。1880 年美国的文盲率是 17%，1900 年已经降到 11%①，到 1910 年，美国 10 岁或者 10 岁以上的人当中只有 7.7%的人不识字，而在白人中比例更低，仅为 4.9%。②

19 世纪末 20 世纪初的“黑幕揭发运动”是一场美国文化的批判运动和新闻监督运动。一批新闻记者和有识之士借助深度解析的报道和鞭辟入里的言论，对美国社会中的金钱至上、道德堕落、政府腐败等社会现象进行了长达 10 年的揭露和抨击。源源不断的揭露文字一定程度上伤害了美国人的自满情绪，导致民众观念发生令人困惑但是深刻的变化，也正是这种“精神危机”促使美国人开始重新定义公共讨论的术语、建立新的消费意识，并重构 20 世纪之后的美国文化。③

---

① See Arther and Lila Weinberg, *The Muckrakers : The Era in Journalism that Moved America to Reform , the Most Significant Magazine Articles of 1902-1912* (New York: Simon and Schuster, Inc. , 1961), p. preface xiv.

② See William L. Rivers, Theodore Peterson and Jay W. Jensen, *The Mass Media and Modern Society* (San Francisco: Rinehart Press, 1971), p. 39.

③ 参见李剑鸣《大转折的年代——美国进步主义运动研究》，天津教育出版社，1992，第 66—73 页；肖华锋《美国黑幕揭发运动：大众化杂志、进步知识分子与公众舆论》，《历史研究》2004 年第 4 期；罗伯特·H. 威布《自治：美国民主的文化史》，李振广译，商务印书馆，2006，第 184—187 页。

教育中的“黑幕揭发”是一场国家层面对教育问题的大讨论。现代新闻业的兴起为在全国层面讨论公立教育问题提供了平台，而 1890 年入学人数的剧增也促使公立学校在美国人生活中扮演日益重要的角色。以赖斯为首的“教育新闻专家”（Educational Journalism）们在全国性的杂志上立足科学的调查方法和入木三分的文字，暴露学校中管理的低效、教育方法的机械和教师的无能等一系列教育问题，让美国人意识到公立学校中存在的各种问题。这些问题造就了渴望变革公立学校的公众舆论，奠定了 20 世纪最初 30 年美国广泛开展的学校变革的前提和基础。教育中的“黑幕揭发”对美国学校的批判集中在以下几个方面。

一、统一的学校课程

19 世纪末期的美国学校中有大量的“留级生”（laggards）。最早发现这个问题的是纽约公立学校的督学——威廉·麦克斯韦尔（William Maxwell）。他在 1904 年发表的报告中用翔实的数据和图表指出，中小学中约有 39％的儿童的生理年龄超出了他们所在年级要求的年龄。[①] 这些留级生无法升入更高的年级继续学业，也不会退出学校，他们的存在不仅对自身增长能力无益，还造成学校资源的极大浪费。[②]

对留级生问题的研究最有影响的报告来自罗纳德·波特·埃尔斯（Leonard Porter Ayres）——时任美国波多黎各学校的督学，独立的教育部统计处（Division of Statistics of the Insular Department of Education）的负责人——于 1909 年发表的《我们学校中的留级生：城市学校系统中

---

① See Leonard P. Ayres, “Laggards in Our Schools: A Study of Retardation and Elimination in City School System” (New York: Russell Sage Foundation, 1909), p. 1.

② See Leonard P. Ayres, “Laggards in Our Schools: A Study of Retardation and Elimination in City School System” (New York: Russell Sage Foundation, 1909), p. 1.

的留级和浪费研究》（“Laggards in Our Schools：A Study of Retardation and Elimination in City School System”）。这篇报告以翔实的数据和表格指出，美国城市学校存在着巨大的浪费现象，非常没有效率，表现为学校的留级率居高不下，并且呈现不断上升的趋势。整体上说，美国有 16％的学生因为无法进入更高阶段的学习而不停复读。这种趋势在不同的移民群体中表现也不完全相同，如德国移民的学生留级率是 16％，意大利移民的学生留级率是 36％。这些留级的学生每年要花掉 2700 万美金，这是对财力的巨大浪费。对大部分留级生来说，留级并没有帮助他们成功地进入高一级的阶段学习，而是成为一种继续留在学校中的手段。留级生中很多孩子多次留级，直到辍学。

留级的学生太多导致学校效率低下，浪费了学校的资源和纳税人的钱财。纽约市的一个事例，可以帮助我们很好地理解当时美国学校中的留级现象。纽约市教师联合会秘书查尔斯·哈特威尔（Charles S. Hartwell）在自己的英语课上做了一个实验，将 18 个已经通过了英语课，却没有通过其他两门课程的学生和另外 12 个没有学过英语课的学生放在一个班。第一个学期，这 12 个学生就通过了考试；到了第二个学期他发现，这 18 个学生还是没有通过其他两门课程。这就是很多老师面临的问题：班上 60％的学生已经学过这个课程，但是他还要为了剩下的 40％的人来坚持一成不变的课程大纲。是一种陈旧的、不合时宜的管理制度造成了这种局面。哈特威尔写了一篇批评这个问题的文章，被哥伦比亚大学的哲学和教育学教授尼古拉斯·默里·巴特勒（Nicholas Murray Butler）发表在 1905 年秋天的《教育评论》（*Educational Review*）上。由于这篇文章，哈特威尔收到了 200 多封评论的信件，其中特别值得提到的是查尔斯·埃利奥特（Charles William Eliot）校长的评论。埃利奥特说：“我们已经从公立学校的系统和统一中获益良多，现在是时候来为公立学校增加相对应的弹性和多样性了。”[①]

从上述两个案例中可以明确地看到，学校中大量的留级生造成学校的巨大浪费，造成这种现象的原因在于美国学校落后的管理制度。这种管理制度以统一升学（mass promotion）作为教育理念，这种教育理念认为同一年龄的学生的认知能力完全相同，在接受同等教育的背景下，可以获得同样的效果。

留级现象严重暴露了学校课程设置的不合理，用埃利奥特的话说，就是当今学校中“统一”（uniform）的课程和学校体制已经不合时宜，必须要改变。“如果我们相信公立学校的理念，学校的改革不只停留在管理层面，更要进行课程和学习方法的变革。”[②]

20 世纪初期的美国，一些州和城市的学校已经在尝试各种方法替代“统一升学”带来的弊端。埃尔斯在《我们学校的留级生》一文中提出了解决这个问题的方法：出台相应的法律法规保障学生能够继续留在学校；学校要做出改革，为学习困难的学生开辟“特殊班级”、“能够适应该年龄平均水平的”的课程和弹性的升班制度。[③]

二、冗长的学习时间

哈佛大学校长埃利奥特在 1888 年的美国教育协会督导部大会上宣读的《学校项目可以被缩短和丰富吗?》（“Can the School Program Be Shortened and Enriched?”），以及 1892 年宣读的《缩短和丰富文法学

---

① National Educational Association, *Journal of Proceedings and Addresses of the National Educational Association : Session of the Year 1910* (Chicago: The University of Chicago Press, 1910), p. 294.

② Leonard P. Ayres, “Laggards in Our Schools: A Study of Retardation and Elimination in City School System” (New York: Russell Sage Foundation, 1909), p. 218.

③ See Leonard P. Ayres, “Laggards in Our Schools: A Study of Retardation and Elimination in City School System” (New York: Russell Sage Foundation, 1909), p. 7.

校的课程》（“Shortening and Enriching the Grammar-School Course”）这两篇文章对学校中的留级问题做了大量的分析。埃利奥特在《学校项目可以被缩短和丰富吗》一文中，详细论述了学校中存在的两种拖沓和浪费现象：重复学习、留级严重。他比较了美国学生获得学位所需要的时间，指出20年前，获得本科学位（bachelor degree）只需要18个月，而在19世纪末期，需要3—4年时间。同时，毕业之后的学生还要经历3—4年的时间才能独立工作，大约在27岁才能经济独立，致使家长在经济上的压力较大。因此，学校的课程有必要缩短，有必要丰富。

除埃利奥特之外，当时很多教育界的人士都对“学校中应该有多少教学时间”这个问题发表了各自的看法。1899年，在美国教育协会的洛杉矶年会上，大学入学要求委员会（Committee on College Entrance Requirements）指出，我们支持中学共读6年，从大学开始，读原来高中第7年的知识。约瑟夫·迈耶·赖斯在1897年2月发表一篇文章《教学中时间的节约》。1902年，芝加哥大学主席威廉·哈伯（William Rainy Harper）建议减少两年大学时间。“如果把小学教育限制在6年之内，我们面临的最大问题是缩减时间。”① “小学只读6年”这个观点让很多美国人震惊，尽管当时法国和日本都已经开始实行6年学制了。杜威在1903年也写了一篇这方面的文章。美国教育协会教育委员会任命了一个委员会，讨论并试图解决如何节约学习时间的问题。

三、腐败的学校管理

19世纪，美国的学校管理是一种金字塔结构：市议会—董事会—

① Leonard P. Ayres,“Laggards in Our Schools: A Study of Retardation and Elimination in City School System”(New York: Russell Sage Foundation, 1909), p. 217.

校长—教师—学生。[①] 议会由各个选区[②]选举出的市议员组成，每个选区的市议员是这个选区最有权力的人，在市议会内部，他们通过个人的影响力和说服力为本选区争取金钱和服务等各种资源，在选区内部，则通过分配政府服务和举荐贤能到城市各种机构工作来将个人在选区内的利益最大化，他们甚至被称为“选区老板”。教育委员会（Committee of Education）的成员由各个选区每 4 年选举一次[③]，一般为 8—9 名成员，成员主要是这个城市的商界精英、宗教界精英和社会文化界精英，教育委员会的责任只是兼职。教育委员会是这个城市教育管理的核心部门，履行该城市的管理职能，包括学校校长的任免、教育经费的分配、教师的任免、课程的确定和教学任务的监督。[④] 教育委员会由市长和城市议会任命，但并不受该城市议会的控制，该城市的任何官员不得对教育问题指手画脚，他们通过选区选民对教育委员会成员的更换来维持系统的自我更新。如果在本届任期内，教育委员会并没有较好地解决学校教育的某种缺陷问题，4 年之后选区会选举另一个团队来代替其工作[⑤]，这个过程并没有城市议会来干预。

1892 年，美国教育专员威廉·哈里斯（William Torrey Harris）指出，存在三种类型的学校委员会成员，首先是从商人、银行家及制造

---

① See J. M. Rice, *Scientific Management in Education* (New York: Publishing Printing Company, 1913), p. preface xii.

② 选区（ward）是城市里的一个选举地区，是选举的基本单位。许多较大城市有多个选区，即使在今天也是。例如，芝加哥有 50 个选区，每个选区有 50 000—60 000 人。

③ See Thomas E. Glass, "Superintendent of Large-City Schol System," accessed May1, 2020, http://education.stateuniversity.com/pages/2470/Superintendent-Large-City-School-Systems.html.

④ See Thomas E. Glass, "Superintendent of Large-City Schol System," accessed May1, 2020, http://education.stateuniversity.com/pages/2470/Superintendent-Large-City-School-Systems.html.

⑤ 参见戴维·B. 泰亚克《一种最佳体制：美国城市教育史》，赵立玮译，上海人民出版社，2010，第 34 页。

商阶层中挑选出来的商界人士或专业人员，他们没有要达到的个人目的，也没有特殊的动机要诉求；其次是一些代表改革或变革分子的人，他们诚实而充满善意，但易于做出不太可靠的判断；最后是追逐私利或者自私的人。① 以波士顿为例，波士顿学校委员会共有24名成员，这24名成员主要是波士顿市的商人、专业人士、牧师及财富和舆论界的领导者。波士顿学校委员会的委员每年访问多所学校，并且对学生进行口试，以及对各校的纪律和教学方式予以监督，给出一份关于各校的优点和不足的简略提要。② 从技术上讲，尽管小学董事会的成员主要由波士顿学校委员会来任命，但小学的董事会实际上是一个独立的、自己任命的和自身持存的团体③，这主要是由于19世纪上半叶的小学并不具备现代学校的特征，大部分是散落在城市中的只有一间教室、一位教师的学校。所谓的"小学的董事会"在很多学校也只是一个校长而已。

19世纪末期的美国城市学校，充满了权威的不明确性和控制的分散性。城市公立学校的管理被董事会所"操纵"，董事会拥有绝对的管理权力，但是董事会的成员却是一些非专业的"外行"。和美国城市市政管理的其他机构一样，美国城市公立学校充斥着各种腐败问题。例如，董事会成员可以利用手中的权力把自己的朋友和亲戚安排在学校董事会负责教学和管理的职位上，以便于学区集中购买和自身利益挂钩的教科书和日常用品。④ 美国城市学校的这些问题成为黑幕揭发者关

---

① 参见戴维·B. 泰亚克《一种最佳体制：美国城市教育史》，赵立玮译，上海人民出版社，2010，第146—147页。

② 参见戴维·B. 泰亚克《一种最佳体制：美国城市教育史》，赵立玮译，上海人民出版社，2010，第34页。

③ 参见戴维·B. 泰亚克《一种最佳体制：美国城市教育史》，赵立玮译，上海人民出版社，2010，第34页。

④ See Selwyn K. Troen, *The Public and the Schools: Shaping the St. Louis System, 1838-1920* (Columbia, Mo.: University of Missouri Press, 1975) p. 212.

注的主要问题之一。

赖斯在《美国的公立学校系统》(*The Public School-System of the United States*)一书的前言中说，学校是为了学生的利益而存在，而不是为了董事会、督导或者教师的利益而存在。赖斯指出："在这本书中，我站在学生的立场上。这是本书的灵魂，就如同律师为了他的辩护人申辩一样。既然认定我要为孩子们的利益申辩，我的责任就是公正的、全面的、坦率的、自由的，且没有任何恐惧的，我要把他们本来的样子呈现出来。"① 赖斯还指出，本书指出了督导、教师的问题，并不是为了羞辱他们，而是为了呈现"不科学"的教育是什么样子的。"学校必须从任何意义上都和政治撇清关系，这样董事会的成员才能最大意义上为学生的利益考虑。"②

四、僵化的教学方法

赖斯对美国公立学校中教师教学能力的欠缺和教师对学生的冷漠印象非常深刻，他对此进行了多次揭露。赖斯认为，教师的专业化程度（爱教学、富有责任心和对教学工作有极大的热情）是决定教育效果的最重要的因素。在《美国的公立学校系统》中，赖斯甚至用了许多情感色彩饱满的词语来形容教师："滑稽的教学""不人道的机构""无目标的工作""荒谬的教育"。芝加哥的教师们态度很好，但是能力欠佳；明尼阿波利斯的教师"知识欠缺……无法给学生上一堂内容丰

① J. M. Rice, *The Public School-System of the United States*(New York: The Century Co., 1893), p. 2, 7, 148.

② J. M. Rice, *The Public School-System of the United States*(New York: The Century Co., 1893), p. 17.

富的课”①。赖斯甚至认为，教师的技能远远要比校舍紧张等客观环境对学生的影响更大。学校和教室环境只是一种象征意义，然而一个充满爱的印第安纳波利斯的教师给学生创造了一片“童话乐园”，圣路易斯的学生们却从不热情的教师那里感受到一阵阵“寒意”。②

赖斯认为，学校中学习的希腊语、拉丁语等知识非常枯燥无聊，让学生开始厌倦学校，学校成了学生的“噩梦”。1891 年，赖斯在《学校会毁掉儿童生活吗》（“Need School Be a Blight to Child-Life?”）一文中解释了“自然教学方法”（natural methods），他列举了德国和美国小学生上地理课时的不同场景：德国的孩子坐在溪水旁边，通过观察植被和河流来学习地理知识；纽约孩子的地理课堂却是一片静寂。赖斯在赞扬生动活泼的教学方法的同时，认为美国学校的教育正在毁掉儿童，而不是培养儿童。

艾伦·托德（Helen M. Todd）是一位工厂中的督导，他发现来工厂工作的儿童的年龄有日益变小的趋势，而且越来越多的儿童离开学校，来到工厂工作。他对这个问题感到好奇，于是随机访问了 500 个辍学来工厂工作的孩子：如果可以选择，孩子是愿意去上学还是待在工厂里？这个问题的答案让托德感到吃惊，其中 412 个孩子回答愿意待在工厂里，这些孩子的选择并非是出于经济上的考虑，而是因为他们在学校有单调的、侮辱性的，甚至残酷的经历。③ 从某种意义上说，19 世纪末期学校教育的失败，把孩子逼到了血汗工厂中。

---

① J. M. Rice, *The Public School-System of the United States* (New York: The Century Co., 1893), pp. 92-94.

② See J. M. Rice, *The Public School-System of the United States* (New York: The Century Co., 1893), pp. 92-120.

③ See Herbert M. Kliebard, *The Struggle for the American Curriculum, 1893-1958 (third edition)* (New York and London: Routledge Falmer, 2004), p. 5.

第二节　中学和大学衔接的问题

19 世纪中后期，美国的公立高中数量迅速增加，围绕中等教育的功能、学校和社会的作用等问题，以“中学和大学之间的关系”为焦点，展开了激烈的争论。这一段时间甚至被称为中学与大学之间的战争期。①

一、大学校长推动的课程改革

根据哥伦比亚大学哲学和教育学教授尼古拉斯·默里·巴特勒回忆：“那时候（1890 年前后），公立中学刚刚进入普及和迅速发展阶段。它正在美国各地的城镇成倍地增加，因此很自然的是，它到处都碰到了考大学的问题。美国各地的大学又都自行其是，对于其他大学的方针，对于中学的需要，对于普遍的公共利益，一概不放在心上。”②

19 世纪中后期，以哈佛大学为首的美国高校开始了选课制改革，在大学中形成了相关专业聚集在一起的“学系”，大学生可以根据自己的兴趣和发展方向选择课程，符合学分的标准即可毕业。选课制的实施标志着高等教育由“通识教育”向“专业教育”方向的转变，标志着具备大学毕业证书的人在某个专业领域具备一定的技能。而通识教育是学习“专业教育”的基础，客观上要求学生在进入大学之前就已经具备了受通识教育培养的素质，有决定自己学习内容的自主选择能力。因此，为了保证高等教育的顺利进行，学校必须选拔已经受过通

① See Edgar B. Wesley, *NEA : The First Hundred Years* (New York: Harper & Row, 1957), p. 67.

② 丹尼尔·J. 布尔斯廷：《美国人：民主的历程》，谢延光译，上海译文出版社，2009，第 272 页。

识教育培养的，且具备一定选择能力的高中毕业生进入大学学习。那么谁来承担高等教育培养重心下移的任务？答案是美国高中。从这个意义上说，大学校长出面来推动美国高中课程的标准化是保证大学教育质量的必然选择。

然而，19 世纪末期的美国大学的培养质量并不尽如人意。美国联邦教育委员会（Commission of Education）的统计资料显示，全美法律、医学、技术类的专科学校都没有设置大学入学考试，这些学校最后能顺利拿到学位的学生的比例实在非常低。① 美国教育协会主席安德鲁·怀特（Andrew D. White）说："很显然，现在所谓的美国大学系统就是本该成为学院和大学的各种研究机构鱼龙混杂在一起。"②

美国大学从 19 世纪中期开始设置科学学士学位、哲学学士学位，这两个学位都与传统的艺术学士学位相并列。③ 大学中授予学位的多样化标志着大学的课程多样化，大学的课程多样化对大学入学标准的要求也开始多样化。为了配合大学课程的转型，也为了配合选课制的管理改革，19 世纪中后期，一些大学单方面修改了美国大学入学考试的要求。很多大学的入学考试增加了"希腊语"这一学科，因为希腊语被认为是学习工业、机械等现代学科的必备科目。但是此举的进展并不顺利。由于缺乏对美国高中现行课程体系的考察和了解，这个举动

---

① See Committee on Secondary Education, "Uniformity in Requirements for Admission to College," in *Journal of Proceedings and Addresses of the National Educational Association : Session of the Year 1907*, ed. National Educational Association (Chicago: The University of Chicago, 1907), p. 307.

② Committee on Secondary Education, "Uniformity in Requirements for Admission to College," in *Journal of Proceedings and Addresses of the National Educational Association : Session of the Year 1907*, ed. National Educational Association (Chicago: The University of Chicago, 1907), p. 307.

③ See Edward A. Krug, *The Shaping of the American High School, 1880-1920* (Madison: The University of Wisconsin Press, 1972), p. 29.

在现实中无法推行下去。美国高中拒绝接受这一单方面的修改。不过，美国高中的拒绝并不是基于任何知识实用性原则，仅仅是因为环境所致：希腊语教师缺乏且愿意学习希腊语的学生也很少。到1878年，俄亥俄州和印第安纳州的一些大学不再要求把希腊语作为入学的规定之一。[①] 这次美国大学单方面修改入学规定的做法在现实中推进失败，这使得大学校长清晰地意识到，为了保障大学教育的质量，必须与高中合作，让高中成为大学的预备学校，建立一个以高等学校在顶端，高中、中小学教育依次排列的美国教育的"等级结构"。在这个教育"等级结构"下，每一级教育都在为实现更高一级的教育做准备。

与此同时，大学希望能够在全美范围内招收优秀的学生进入大学学习。因此，大学校长希望推行美国高中课程的标准化，建立高中课程的"共同标准"。如果全美各地的高中都能按照这个课程标准授课，那么也就等于建立了以高等教育在最顶端的"教育等级结构"。为了实现这个目标，连接高中和大学之间的唯一环节——大学入学考试——是一个有利的"抓手"。"早在1877年，曾经提倡在公立中学实行免费教育作为普及教育方法的哈佛大学校长查尔斯·埃利奥特就已预见到需要制定新的考试制度，只有按照某种共同的考试制度，高等学校才能挑选到最有培养前途的人。"[②] 哥伦比亚大学哲学和教育学系教授尼古拉斯·默里·巴特勒也认为，有必要帮助中学制定教学大纲，以适应大学的需要。[③]

---

① 参见丹尼尔·坦纳、劳雷尔·坦纳《学校课程史》，崔允漷等译，教育科学出版社，1999，第75页。

② 丹尼尔·J.布尔斯廷：《美国人：民主的历程》，谢延光译，上海译文出版社，2009，第271页。

③ 参见丹尼尔·J. 布尔斯廷《美国人：民主的历程》，谢延光译，上海译文出版社，2009，第272页。

二、中学校长推动的课程改革

为了应对移民化和工业化对公立高中提出的挑战，公立高中在课程上做出了相应的调整，突破了原先单一的经典课程，增加了实践性的课程。“例如，1890 年圣路易斯高中的课程包括经典（Classical）课程、科学（Scientific）课程、英语（English）课程、师范（Normal）课程、商业（Business）课程，在这些课程中还有一些可以选择的课程。”[①] 伴随着公立中学在校生数量的上涨，高中进入大学的学生比例也在上涨。尽管从传统上而言，进入大学的准备工作由私立学校主要负责，伴随着公立高中数量的增长和其中进入大学的学生比例的上涨，公立中学也在努力为进入大学的学生做准备，但是大学各行其是的入学标准给公立中学的教师和校长带来极大的压力和工作量。“当时，一位中学校长抱怨说：‘我的学校里有 40 个学生准备申请大学，那么我就要为了这 40 个学生准备 20 门不同的课程。’”[②] 除了每个大学对课程的要求不同，校长和教师必须对每个课程进行逐个准备之外，有时同一个课程的要求也并不相同。“有的大学把希腊语作为备选，有的大学把希腊语作为入学考试的必选项。在把希腊语作为入学考试必选项的大学中，150 所大学并不把荷马的诗歌作为考查对象。但是，在对希罗多德的考查或者古典诗歌的考查中还是会有荷马的诗歌出现。”[③]

---

① D. Gerhard,“The Emergence of the Credit System in American Education Considered as a Problem of Social and Intellectual History,”*Bulletin of the American Association of University Professors* 41,No. 4(1955):654.

② Thomas F. Donlon,*The College Board Technical Handbook for the Scholastic Aptitude Test and Achievement Tests*(New York:College Entrance Examination Board,1984),p. 1.

③ William C. Collar,“ The Action of the Colleges upon the Schools,”*Educational Review* 12(1891):429. See Edward A. Krug,*The Shaping of the American High School ,1880-1920*(Madison:The University of Wisconsin Press,1972),p. 29.

至此，公立高中陷入了一种尴尬的境地。一方面伴随着高中数量的增加，公立高中承担了“为学生生活做准备”和“为进入大学做准备”的双重职能；另一方面，各大学各行其是的入学标准使得本来师资资源并不充裕的公立高中面临雪上加霜的压力。公立高中始终无法和私立学校竞争，仍然无法实现卡拉马祖案所希望实现的——保证社会的平民也能获得与富人同等的进入高等教育学习的机会和权利——的愿景。19 世纪中后期的“平权化”改革遇到了障碍。马萨诸塞州教育专员威廉·哈里斯在 1888 年的报告中指出，大学入学标准被抬到如此高的一个高度，在大学入学这个问题上，公立学校处在被私立学校完全踢出局的境地。他最后总结道，只有当大学入学要求不是那么严格的时候，高等教育和公立中学才能够完全对接。①

有的高中校长认为，大学应该适应高中的课程。伊莱艾伯·沃什伯恩·克伊（Eliab Washburn Coy）是辛辛那提休斯高中（Hughes High School）的校长，他在 1887 年全美教育协会中学部（Committee on Secondary Educaiton）的讨论上指出：“很显然，大学要适应高中的课程，因为大多数进入高中的学生并不会继续进入大学学习。”②

小　结

美国社会对学校教育的高期待和准备不足的公立学校现状之间的矛盾产生了巨大张力，在“黑幕揭发运动”形成的批评公立学校的社

---

① See D. Gerhard, "The Emergence of the Credit System in American Education Considered as a Problem of Social and Intellectual History," *Bulletin of the American Association of University Professors* 41, No. 4(1955): 654.

② National Educational Association, *Journal of Proceedings and Addresses of the National Educational Association: Session of the Year 1887* (Salem Mass.: Orserver Book and Job Print, 1888), p. 291.

会舆论的助推下，一种能够为学生分级、降低管理成本、提高学校效率的“方法”的出现成为历史的必然。

如果用一句话来概括 19 世纪末期学校教育问题的根本原因，那就是“统一”的课程和学校体制。这种体制要求班级所有的学生都要通过所有的课程才能进入下一阶段的学习，而学生之间的个体差异没有得到尊重。这种“统一”的课程设置的背后对学生的人性假设就是：所有的学生都一样，并不存在个体差异。然而，在心理学领域中，个体差异的概念已经出现并逐渐成为心理学研究的对象。

第二章　教育测量运动的核心人物和协会

“时势造英雄，还是英雄造时势”是一个经典的讨论问题。不可否认的是，在美国20世纪早期，教育测量作为一种新生事物，从萌芽到产生，再到逐步发展壮大的过程中，是有若干做出突出贡献的人物，组织并领导着这场运动。没有他们的贡献，就没有教育测量运动。

在推动教育测量运动发展的过程中，一些协会起到了平台的作用。这些协会通过组织会议、发表协会年度报告等形式聚集了一批志同道合的人，集中表达了共同的愿望，推动教育测量运动发出更加响亮的声音。本章集中介绍了这些在美国教育测量运动中活跃的人物和协会。

第一节　教育测量运动的开路人

在美国教育评价发展阶段的理论中，桑代克通常被认为是开展教育测量的第一人。然而，桑代克关于教育测量的成果被学界广泛认可的前提，是学界接受教育研究的基础从建立在经验之上转变为建立在事实之上。在推动并达成这一目标的过程中，约瑟大·迈耶·赖斯做出杰出贡献。在经典的美国教育评价发展理论中，赖斯的成绩被低估了。笔者认为，赖斯可以被称为“美国教育测量的开路人”。赖斯具有医学学士学位，早年曾做过《论坛》杂志的编辑，是教育领域的“黑幕揭发运动”的核心人物。之后，赖斯的研究兴趣从曝光公立学校中的问题转向用客观性的方法来研究教育问题。他先后主持了两次大规模的教育调查和分析工作，开创了教育研究的全新范式。如同所有行业的先驱一样，在赖斯进行教育科学研究的早期，并没有得到教育界同行的认可，甚至受到了侮辱和诽谤。但是“事实上在 1915 年，先前批评赖斯的那一批督导还使用赖斯的方法和精神，应用在 50 个咨询公司，来探讨教育效率的测试和测量方法”[①]。赖斯所提倡的用客观性的方法研究教育问题的观念，代表了教育研究发展的方向。

一、客观性研究的理论准备

赖斯于 1881 年毕业于哥伦比亚大学内科与外科医生学院（College of Physicians and Surgeons of Columbia University），拿到医学学士学位。毕业后参与纽约一个有名的儿科项目时开始对公立学校感兴趣。从 1888 年开始，他到欧洲考察各国的教育系统，在耶拿大学和莱比锡大学游学两年，这两年给了他扎实的经验研究和科学教育学的基础。赖斯师从威廉·冯特，熟读了赫尔巴特主义（Herbartism）。

笔者认为，赖斯的医学学士学位为他将研究方向转为客观性测试做出了重要的理论准备，这种重要性甚至高于他在德国受到的心理学和教育学的训练。原因有以下三点。

第一，耶拿大学确实讲授教育学，但该课程是建立在先验的推测、逻辑的推理的基础上的[②]，是赖斯所谓的“教条”（creed）；赖斯认为教育学应该建立在“事实”（fact）的基础上。因此，在耶拿大学学习的教育学无法为赖斯创建全新的教育研究方法提供帮助。

第二，赖斯虽然师从冯特，但是与冯特只是“非正式”地在一起

---

① Adolphe E. Meyer, *An Educational History of the American People* (New York, Toronto, London: McGraw-Hill Book Company, Inc., 1958), p. 58.

② See Gilbert L. Noble, "Joseph Mayer Rice: Critic of the Public Schools and Pioneer in Modern Educational Measurement" (PhD diss., University of New York, 1970), p. 50.

工作。教育测量在欧洲有两条源头，一条是以冯特为代表的实验心理学，一条是以弗朗西斯·高尔顿（Francis Galton）为代表的教育统计学。前者关注记忆、推理、嗅觉、听觉等心理过程的实质，后者强调用统计的方法来研究教育问题。显而易见，赖斯的教育研究方法是在第二条路径基础上的发展。因此，影响赖斯开展教育调查的主要原因并不是冯特的实验心理学方法。

第三，赖斯毕业于哥伦比亚大学内科与外科医生学院，拥有医学学士学位，受过系统的医学训练。笔者认为，在医学院的训练才是促使赖斯走向教育客观性调查的根本原因。这使得他对传统的教学方法不满，并试图将教育提升到客观的层面。19 世纪末期的医学教育处在一个非常高的水平。赖斯在哥伦比亚医学院师从当时非常优秀的医学研究者，这些优秀的研究者的观察和实验的方法在赖斯脑海中留下了深刻的印记。赖斯的儿子劳伦斯·赖斯（Lawrence Rice），记录了医学教育这个背景对他父亲的重要性："赖斯博士的医学训练非常深远地影响了他的教育改革观。他在医学领域时间很短，还不足以使他在医学领域做出什么成绩，他一边实践着医学领域的方法，一边远离医学研究。因此，他带着一个医生的实践思想研究教育系统。"①

赖斯本人也时常用医学领域中的各种方法和技术与教育领域类比。1899 年，赖斯在《为什么教师没有专业定位》（"Why Teachers Have No Professional Standing"）一文中，多次用医学理论和教育类比："在教育学领域中，这些方法（指代'观察的方法'）如此粗糙，以至于教育者无法学习，甚至在相对精确的条件下也无法学习，成千上万的教学实验都无法收到预想的效果。然而，在医学领域，通过给看不清楚的地方注入强射线，就可以时不时地找出影响因素了。没有明确

① Gilbert L. Noble, "Joseph Mayer Rice: Critic of the Public Schools and Pioneer in Modern Educational Measurement" (PhD diss., University of New York, 1970), p. 201.

的观察的方法，教育学中的所有事情只能主观臆断，例如，教师的'印象'取决于他本人所持有的理论。在医学领域中，'印象'也是一个不可或缺的因素，但是客观的方法更重要，后者在诊断和治疗疾病中占主要地位。医生只有到了所有客观的观察方法都用尽了之后，才会依赖自己的印象。客观的工作每天都不能少。"①

赖斯还指出，医学中常用的观察方法有体温计、物理诊断技术、显微镜、X 射线。以下这段话说明他试图用医学上的客观方法来改造教育学。他描述了一堂医学院的课程："当一个现象被多个因素影响时，科学的教育者不应该认为这个问题无法解决，而是应该试图回到这个问题开始的时候，通过排除每个可能的影响因素来找到最终的答案。这个过程如同医生面对一个乍看上去很复杂的病情，医生运用他所有的智慧，使用所有可能的客观工具来处理这个疾病：询问病人症状，使用体温计，用听诊器听心肺功能，用显微镜观察体液，用电流测试肌肉，换句话说，他已经在试图解决这个问题了。在教学中，所谓的'询问病情'就是 3R，其和医学诊断一样简单。通过像医生使用听诊器等客观工具一样使用 3R 原则，教育者将能够区分出那些现在仍然像迷一样的教育问题。"②

从上述两段话中不难看出，赖斯的医学思想已经深刻影响了他的教育学观念。医学已经发展出一套让实践者可以使用的清晰的知识；教育学却完全建立在理论之上。因此，教育没有明确的知识，这让实践专家无从下手，让教育理论没有建立的基础。也正是教育领域在这个问题上的缺失，促使赖斯以此作为教育研究的突破口。

---

① Gilbert L. Noble,"Joseph Mayer Rice: Critic of the Public Schools and Pioneer in Modern Educational Measurement"(PhD diss. ,University of New York,1970),p. 203.

② Gilbert L. Noble,"Joseph Mayer Rice: Critic of the Public Schools and Pioneer in Modern Educational Measurement"(PhD diss. ,University of New York,1970),pp. 201,203.

二、从“黑幕揭发者”转向客观性研究

1890 年赖斯回到美国，在《论坛》杂志的资助下开始对全国的公立学校开展调查。从 1892 年 1 月 7 日至 6 月 25 日，半年时间内，赖斯对全美 36 个城市的几百所学校开展了调查，形成了一系列对美国公立学校现状研究的文章。[①] 1892—1893 年，这些文章在《论坛》杂志上陆续刊登，赖斯将在《论坛》杂志上发表的文章集结成一本书，即《美国公立学校系统》，该书出版后引发了社会各界的强烈反响，奠定了赖斯作为教育领域黑幕揭发的集大成者的地位。赖斯的书揭发了 19 世纪末公立学校中存在的各种问题，同时创造了一种全新的教育问题的表述方式，赖斯本人也因此成为公立学校黑幕揭发运动的代表人物。但是，赖斯的成绩并不仅仅止步于黑幕揭发者，他还是美国教育测量领域的“先锋”。赖斯持之以恒地在学生测试、统计方面的努力为他赢得了测量领域同行的认可，埃尔斯称赖斯为“比较测试的真正发明者”[②]。赖斯的研究方向从“黑幕揭发”转向“客观性测试”是以一件小事为标志的。

1895 年 7 月，赖斯受美国教育协会之邀，在基础教育部的年会上发表演说，他以自己一贯的批评风格发表演说，并且重复之前的观点，即学校需要更有能力的教师，教师聘用应不受党派意见左右，教师需要有质量的师范教育等。听众对他的批评很不满，并且感到非常不耐

---

① See J. M. Rice, *The Public School-System of the United States*（New York：The Century Co.，1893），p. 2.

② Leonard P. Ayres，“History and Present Status of Educational Measurement，” in *Seventeenth Yearbook of the National Society for the Study of Education*，ed. National Society for the Study of Education（Bloomington Illinois：Public School Publishing Company，1918），pp. 9-15.

烦，原因是赖斯并没有拿出一个具体的改革方案，而只是在批评公立教育中的各种问题。一位听众非常粗鲁地打断了他："验证了你的理论之后再来说话吧！"① 这次事件之后，赖斯的研究方向开始转为"客观性测试"的研究。这是赖斯职业生涯的转折点，也是教育测量历史上的重要事件。

赖斯本人是这样描述自己从"黑幕揭发者"向客观性研究的转变的。他在《理性教育改革的障碍》（"Obstacles to Rational Educational Reform"）一文中指出："早些时候，我认为教育进步的障碍在于公众的冷漠、督导的无能、教师不充分的准备等；然而，后续的研究和思考使我意识到，这些因素并不是造成学校灾难的根本，造成学校的各种灾难的是一个更加深刻和持久的原因。"②

在《理性教育改革的障碍》一文中，他指出，过去100年中，在教育客观性这个问题上没有取得任何实质性进展。而缺乏客观性就是赖斯认为的"教育恶魔"：教育者并没有就"应该教什么？怎样教？"这些问题达成一致。许多在学习和经验领域的教育者，并不认同改革者的观念；另外一些人则在质疑新教育（new education）所标榜的理念在现实中的可行性。然而，非常多的教师在教育实践中需要精确的指导。教育研究要想取得进步，这些没完没了的"推测"（speculation）必须让位给"事实"。获得"事实"会建立一个教育行业的"标准"，教师可以根据这个标准来自我判定是否达到要求，教育研究者可以根据这个标准研究出要达到这个标准需要使用的时间。③

---

① J. M. Rice, "Substitution of the Teacher for the Textbook," in *Journal of Proceedings and Addresses of the National Educational Association: Session of the Year 1895*, ed. National Educational Association (St. Paul: The Pioneer Press Co., 1895), p. 562.

② J. M. Rice, *Scientific Management in Education* (New York: Publishing Printing Company, 1913), pp. 20-36.

③ See J. M. Rice, *Scientific Management in Education* (New York: Publishing Printing Company, 1913), pp. 20-36.

在《教育研究》（“Educational Research”）一文中，赖斯指出，至今为止，教育研究建立在经验的基础上，而不是建立在事实的基础上，这是一个所有的教育研究者都毋庸置疑的事实。教育研究分为两个部分：哲学和科学。哲学无所不包，所有和性格塑造相关的东西都可以算作哲学；科学则是涉及获取知识的方法和技术。这两个方面各有各的诉求，都没有错，问题是人们对待这两个方面的方式是错误的。①

一方面，“培养什么样的人”是个哲学问题，似乎哲学问题在美国所有的地方都应该是一样的，实际上在美国这样一个社区可以自由选择学校的国度里，课程设置、社区居民特点、董事会成员的个性等问题都会影响当地的学校教育②；另一方面，怎样获取知识是个很细节的问题。很多人认为这也是个“教条”的问题，实际上应该由科学实验来解决，需要非常明确的计划。这就是教育学的核心，所有诚实思考教育问题的人最关注的问题。赖斯说：“我会在《教育中的科学管理》（*Scientific Management in Education*）的第一章中解释这个问题。”③

三、在学校教育领域崭露头角

赖斯之所以被认为是“美国教育测量的开路人”，是由于他在 19 世纪末开展了拼写测试，他是提出“读写无用论”的第一人，用科学的方法指出学习时间的长短并不影响学习效果。1895 年 2 月，赖斯开始

---

① See J. M. Rice, *Scientific Management in Education* (New York: Publishing Printing Company, 1913), pp. 3-4.

② See J. M. Rice, *Scientific Management in Education* (New York: Publishing Printing Company, 1913), p. 4.

③ J. M. Rice, *Scientific Management in Education* (New York: Publishing Printing Company, 1913), p. 5.

进行为期 16 个月的拼写调查，共有 3 次调查，涉及约 33 000 名学生。

拼写测试的每份试卷都包含“试卷”和“问卷”两个方面。试卷由单词拼写和作文两部分组成，问卷涉及国籍、年龄、家庭环境、教学方法等问题。第一次测试的试卷由 50 个单词组成，并没有作文部分。赖斯直接把问卷和试卷打成一个包裹，寄给各个地方的督导，由督导分发给教师组织测试。最后，有 20 个督导把包裹寄回来，涉及 16 000 名学生。①

在分析这些测试结果的时候，赖斯感觉有些不对劲，在走访了几所学校之后，证实了自己的疑惑：很多教师在指导学生测试的过程中，故意重读和重复强调正确的答案，将答案泄露给学生；部分督导把没有按照要求“操作”的学校的试卷扔掉了，只把他认为“合适”的部分寄给了赖斯。例如，密歇根州杰克逊县的督导埃文（T. L. Evans）给赖斯的信中说，他丢掉了两包考试卷，因为他们没有按照要求指导测试。② 因此，这次测试的结果没有任何价值。

赖斯开始准备第二次测试。这次测试涵盖 8 个城市的 13 000 名学生，为了预防再次出现第一次测试中作弊的情况，他增加了一段“指导语”。第三次测试是和第二次测试同时进行的。赖斯把前两次考试的试题汇总成一张卷子，并增加了一个写作测试，给 7 个城市中的 4000 名学生来做。为了有效地规避作弊行为，赖斯亲自安排了信任的教师去监督学校的教师。

赖斯在纽约统一分析三次收集起来的数据。由于赖斯的第一本书《美国的公立学校系统》中，直接出现了各个城市的名称，相当于给不同的城市贴上了“好”或者“不好”的标签，一定程度上伤害了“不

---

① See J. M. Rice, *Scientific Management in Education* (New York: Publishing Printing Company, 1913), p. 74.

② See Gilbert L. Noble, "Joseph Mayer Rice: Critic of the Public Schools and Pioneer in Modern Educational Measurement" (PhD diss., University of New York, 1970), p. 224.

好”的城市市民对自己城市的自豪感；即便是被赖斯表扬为“好”的城市，城市中不同教育系统也得到或高或低的评价，加剧了原本在城市中就存在的矛盾。赖斯本人也因此受到各方的排斥。在《拼写无用论》这篇文章中，赖斯抹去了各个城市的名称，直接以字母代替。

《拼写无用论》得出了以下结论：在学生智力的评价中采用教师评价，学生被分为四个等级，由教师评分；低年级学生的拼写成绩要比高年级好，这个现象在当时一个开放入学和高辍学率的环境下，非常正常；在“社会经济条件”影响这一项目中，美国人和外国人获得的成绩一样高，有时候甚至外国人的成绩更高一些，有可能是外国人的辍学率过高引起的；“社会经济条件”和“国籍”有着很高的相关性，因此对“社会经济条件”的考虑和“国籍”的讨论是很相关的；在讨论教师教学方法对拼写成绩的影响时，赖斯使用了第一次拼写测试中对 200 位教师的访谈资料。结果表明，聪明的教师会使用很多方法让孩子明白试题的意思，无能的教师则不会这样做。

整体而言，学生成绩表现出集中化的趋势，学生成绩的分布并没有很发散。尽管测试的年级涵盖四年级至八年级，但是学生成绩并没有很大的分化。赖斯认为，每天用 8 分钟来学习的学生和每天用 40 分钟来学习的学生最后的学习效果是一样的。拼写测试的水平与各种影响因素都不相关。现代读者都可以理解，这只是说明题目的设计不足以区分这些受影响因素影响下的学生成绩，并非指代各种因素对学生成绩没有影响。然而，100 多年前的研究者却丝毫没有怀疑研究的科学性。赖斯认为，进步学校并没有表现出好成绩，学生拼写能力与任何已经测试到的影响因素都没有关系。他认为，学生自身的成熟是唯一影响拼写能力的因素。教师的个人能力是区分一个好教师和坏教师的唯一标准。

赖斯的《拼写无用论》一文发表在 1896 年 12 月的《论坛》杂志上，收到了来自各个方面的关注和反馈。德国耶拿大学心理系教授欧肯（Eucken）在1897年4月19日给赖斯写信，称赞赖斯的研究，并回应说，他进行的一个实验已经验证了赖斯的结论。由于意识到学生在学校中很多时间都被浪费，欧肯教授组织了3—5个学生组成一个小班，每周只用5—8个小时学习学校中的知识，结果令人非常满意：这些学生可以顺利地进入下一个年级学习。①

1897年，在印第安纳州的美国教育协会督导部的年会上，赖斯宣读了《拼写无用论》这篇文章。本来他以为不会有什么人对这个问题感兴趣，但事实上很多人关注这个问题。② 赖斯的结论受到了各方的嘲笑。争论的核心问题在于："用学生的拼写成绩来判定教师教学的价值，是非常愚蠢和错误的，无论从哪个方面讲，都不能成立。"人们主张"拼写训练的目的，并不在于教授学生能够拼写字母，而在于发展其心力"③。

当赖斯宣读完这篇文章后，西部一个教师培训领域非常有名的心理学家说："事实上，这是一个从来没有被回答过的问题。"④ 接下来，他猛烈地批评赖斯在这样一个重要的会议上占用时间来分享一个愚蠢的问题。第二个回应者是位有名的督学，他觉得前面的心理学家有点过分，并且为赖斯进行了辩护。无论是支持还是反对赖斯的观点，都没有人从正面回答赖斯的问题。唯一一个相对中立的言论来自一位很

---

① See J. M. Rice, *Scientific Management in Education* (New York: Publishing Printing Company, 1913), pp. 87-88.

② See J. M. Rice, *Scientific Management in Education* (New York: Publishing Printing Company, 1913), pp. 16-18.

③ Leonard P. Ayres, "History and Present Status of Educational Measurement," in *Seventeenth Yearbook of the National Society for the Study of Education*, ed. National Society for the Study of Education (Bloomington Illinois: Public School Publishing Company, 1918), pp. 9-15.

④ J. M. Rice, *Scientific Management in Education* (New York: Publishing Printing Company, 1913), pp. 17-18.

有名的督学，他说：“我觉得这个会议并不像他们说的那么失败。”①1897 年美国教育协会督导部年会之后，没人对赖斯的问题做出回应。直到 1902 年，哈佛大学教育学院教授保罗·斯内登（Paul Snedden）在《论坛》杂志发表的一篇《我们聒噪的教育》（“Our Chaotic Education”）的文章支持了赖斯的观点。

四、推广客观性测试

1902 年，赖斯受到史密森尼学会（Smithsonian Institution）的资助，再次进行了一个数学测试。这次测试涉及 7 个城市中 6000 名四年级至八年级学生。试卷上共有 8 个问题，每个问题都是由易到难。他在结论的表格中画了一条线，线的上面是“满意”，下面是“不满意”，所谓满意的学校是每个年级学生的回答都很好，赖斯的这条线实际上就代表“平均数”（genenral average），这是赖斯的标准。如果学校 60％的学生都可以达到赖斯的这个标准，那么他对这个学校就是“满意”的。这个数学调查结果在 1902 年 10 月至 1903 年 4 月的《论坛》上发表。② 该测试的结果和讨论收录在《教育中的科学管理》一书中，共包含三篇文章：《一个数学测试》（“A Test in Arithmetic”）、《数学测试中的成败原因》（“Causes of Success and Failure in Arithmetic”）、《天赋还是训练——基于数学测试的结论分析》（“Talent vs. Training in Teaching—Arithmetic Concluded”）。

赖斯这次测试得出了以下结论：第一，提出每天学习 45 分钟是最佳的学习时间。第二，证明了一些原本认为和学生学习成绩相关的因

---

① J. M. Rice, *Scientific Management in Education* (New York: Publishing Printing Company, 1913), pp. 17-18.

② See Gilbert L. Noble, “Joseph Mayer Rice: Critic of the Public Schools and Pioneer in Modern Educational Measurement” (PhD diss., University of New York, 1970), p. 243.

素对学生学习成绩并没有影响。这些因素包括学校系统、课程、教学方法、教师的个性和能力、班级规模、督导激励等。第三，提出家庭所在区域（neighborhood）是一个可能影响学生成绩的因素，但实验结论不足以支持两者之间的正相关关系。第四，提出年龄是一个影响因素，实验结论表明答题最好的学生的平均年龄比答题最差的学生的平均年龄大 5 个月。

第二节　教育测量运动的核心人物

一、爱德华·李·桑代克

爱德华·李·桑代克是美国教育测量领域的集大成者，被称为美国教育测量之父。[①] 桑代克在 1904 年提出："凡是存在的事物都有数量，凡是有数量的都可以测量。"[②] 这句话被认为是教育测量和心理测量的基础。

桑代克 1874 年 8 月出生于马萨诸塞州的威廉斯堡，父亲曾是律师，后来长期在马萨诸塞州担任卫理公会的传教士，母亲是一位富有艺术才能的女士。桑代克 1891 年毕业于罗克斯伯里拉丁学校，1895 年毕业于卫斯理学院，攻读英国文学专业，取得了杰出的成绩。在卫斯理学院期间一个偶然的机会，他读到了威廉·詹姆斯（William James）的《心理学原理》（*Principles of Psychology*），给他带来非常大的触动。

---

① See Robert L. Ebel, *Essentials of Educational Measurement* (Englewood Cliffs, N. J.: Prentice-Hall, Inc., 1972), p. 11.

② See Edward Lee Thorndike, *An Introduction of the Theory of Mental and Social Measurements* (New York: The Science Press, 1904).

他说："这本书很有启发性，是我当时甚至是至今所读的书中最好的一本。"[①] 从此他开始关注和心理学相关的知识，并且从英国文学专业转向心理学专业。

1895—1897 年，桑代克在哈佛大学取得了心理学的硕士学位。在读硕士期间，桑代克的研究方向是动物的心理行为，他选择用实验方法来研究小鸡的本能和聪慧行为。但是当时的学校并不允许饲养动物，他就在自己租的房子中进行实验，后来因为事故被房东赶出来。最后，在詹姆斯的支持下，他在学校附近的一个地下室里继续小鸡的本能研究。1897 年毕业之后，桑代克在奖学金的资助下来到哥伦比亚大学。当时，哥伦比亚大学的实验心理学专业较为成熟，这给桑代克能继续在小鸡身上进行本能研究提供了丰厚的资源。对桑代克来说，更为重要的是，与在哈佛大学的心理学被看作是哲学的分支不同，在哥伦比亚大学，心理学被看作是一门独立的学科，而不是哲学的分支。桑代克回忆说："无论何时，哲学也许都不是我的所爱。"[②] 桑代克在哥伦比亚大学师从詹姆斯·麦肯·卡特尔（James Mckeen Cattell），继续动物心理学的研究；同时师从人类学家弗朗兹·博厄斯（Franz Boas），学习统计学。1898 年，他取得了哥伦比亚大学的博士学位，在俄亥俄州克利夫兰市的西储女子学院任教一年。1899 年，受卡特尔的邀请，桑代克开始在哥伦比亚大学担任心理学教职，直至 1941 年退休。

19 世纪末 20 世纪初，是德国的进化论影响全世界科学研究的时代，甚至可以说，当时的时代精神是属于进化论的。尽管桑代克并没有像当时知名的学者霍尔、赖斯等人一样受过系统的德国学术训练，

---

① Edward Lee Thorndike, *A History of Psychology in Autobiography* (Worcester, Mass.: Clark University Press, 1936), p. 263. 转引自埃伦·康德利夫·拉格曼《一门捉摸不定的科学：困扰不断的教育研究的历史》，花海燕等译，教育科学出版社，2006，第 57 页。

② 埃伦·康德利夫·拉格曼《一门捉摸不定的科学：困扰不断的教育研究的历史》，花海燕等译，教育科学出版社，2006，第 57 页。

但是他的心理学思想还是深深受到进化论思想的影响，这一点可以从桑代克早期的作品中体现出来。桑代克在《心理学原理》（*The Elements of Psychology*）一书中写道："人类的生活是如此复杂，但归根结底也能用一些基本原理来解释。"① 桑代克认为，人类复杂行为的产生过程是可以用达尔文的进化论来阐释的，包括变异、选择、保留三个相互联系的阶段。② 除进化论之外，桑代克还受到赫伯特·斯宾塞（Herbert Spencer）和威廉·詹姆斯的影响。杰拉尔丁·乔西克（Geraldine Joncich）在桑代克的传记中写道："他在研究生期间学习过心理学，阅读了大量的斯宾塞的作品，并被詹姆斯的《心理学原理》所触动。"③

桑代克的实验心理学思想则和其博士导师卡特尔紧密相关。卡特尔是高尔顿的狂热追随者。他在剑桥大学认识了高尔顿，回美国之后一直在高调地推行高尔顿的实验，并在哥伦比亚大学建立了人体差异研究实验室。卡特尔深信个体差异心理学的重要，并将测验作为研究个体差异的主要方法，创造了"心理测验"一词，成为促进心理测验运动的第一个美国人。④ 桑代克曾说："卡特尔精炼了高尔顿的方法，并且使得这种个体测量的方法在宾夕法尼亚大学被认可，成为一种心理学的分支，并且成为大学中心理学专业应该培训的领域之一，从宾夕法尼亚大学开始的对心理素质的测试，后来成为哥伦比亚大学实验室的重要标志。我们这些学生，就是在那里学习了个体心理学的训练。与比奈等人的文章相比，卡特尔的《心理考试和测量》是这10年中第

① Edward Lee Thorndike, *The Elements of Psychology*（New York: Seiler, 1905）, p. 316.

② See John W. Donahoe, "Edward L. Thorndike: The Selectionist Connectionist," *Journal of the Experimental Analysis of Behavior*, No. 72（1999）: 451.

③ D. W. Noble and G. Joncich, *The Sane Positivist: A Biography of Edward L. Thorndike*（Middletown CT: Wesleyan University Press, 1968）, p. 168.

④ 参见E. G. 波林《实验心理学史》，高觉敷译，商务印书馆，1981，第608页。

一篇有影响力的文献。"[①] 由此可见，桑代克实验心理学的方法深刻地受到卡特尔的影响。卡特尔也是一个推动实验心理学发展的专家。他在美国心理协会年会上提醒同事们说："在美国强行征收的国税中，每年有1.5亿美元花费在公立学校上，试图'改变人的性格。'"这对实验心理学来说是一个巨大的机会。[②]

1913—1915年最有影响力的测试量表是桑代克的三个量表：词汇量表（Visual Vocabulary Scale）、语句理解量表（Understanding of Sentence Scales），后来改名为桑代克-麦考文语句阅读理解量表（Thorndike-McCall Reading Scale for the Understanding of Sentences），此外还有绘画量表（Drawing Scale）。[③] 桑代克在1904年出版了一本书《心理与社会测量理论导论》（*An Introduction to the Theory of Mental and Social Measurements*），之后这本书成为大学中教育和心理测量课程的常用教材，是之后10年的教育测量研究的奠基性著作。

1899年，桑代克应聘到哥伦比亚大学师范学院教授儿童研究与遗传心理学。为了赚钱也为了宣传，他开始编写课本。《儿童研究笔记》（*Notes on Child-Study*）于1901年出版，《教育心理学》（*Educational Psychology*）于1903年出版，《心理与社会测量理论导论》于1904年出版。《心理与社会测量理论导论》阐述的基本观点是：心理学和教育学领域中的人应该正确应用统计方法，理解其基本原理，懂得定量研

---

① Stephen S. Colvin, "Origin and Development of Mental Testing," in *National Society for the Study of Education Twenty-First Yearbook* (Chicago: University of Chicago Press, 1922), p. 25.

② 参见埃伦·康德利夫·拉格曼《一门捉摸不定的科学：困扰不断的教育研究的历史》，花海燕等译，教育科学出版社，2006，第57页。

③ See Walter S. Monroe, "Research in Educational Measurements: Ten Years of Educational Research, 1918-1927," in *Bureau of Educational Research Bulletin* 25, No. 51(1928): 92.

究人类行为的迫切需要及其内在困难。[1] 根据熟悉桑代克的同事介绍："这个课本把统计学这一最初跨越物理和数学而形成的科学建设成教育研究的一个生气勃勃的新方法。"[2]

在一战后的几年中，各种量表大量出现。同时，出现了介绍量表的著作，如丹尼尔·斯塔切（Daniel Starch）的《教育测量》（*Educaitonal Measurement*），瓦尔特·孟路（Walter S. Monroe）等人合著的《教育考试和测量》（*Educational Tests and Measurements*），哈罗德·拉格（Harold Rugg）的《教育中的统计方法》（*Statistical Methods Applied to Education*）等。1923 年，由刘易斯·麦迪逊·推孟（Lewis Madison Terman）等人合著的《斯坦福成就测试》（*Stanford Achievement Test*）出版，这是第一套中小学校成就测试的组合。[3]

在实现教育科学化的道路上，桑代克认为测量是教育研究的基础，他将教育研究的基础置于客观可观测到的数据和事实之上，而不是进行主观的推测和哲学上的抽象思辨。因此，他旗帜鲜明地站在了杜威等传统教育理论者的对立面。埃伦·康德利夫·拉格曼在《一门捉摸不定的科学：困扰不断的教育研究的历史》一书中，详细描述了"杜威与桑代克之争"，并指出最终以桑代克为代表的提倡事实的教育研究范式取得胜利，这奠定了 20 世纪教育研究的发展基调。20 世纪之后，传统的教育史学和教育哲学仍然在大学中占有一席之地，但是其一统天下的地位已经衰落，并逐渐被边缘化，被实验心理学和注重社会调查的行为科学取而代之。

---

① See Edward Lee Thorndike, *An Introduction of the Theory of Mental and Social Measurements* (New York: The Science Press, 1904).

② 埃伦·康德利夫·拉格曼：《一门捉摸不定的科学：困扰不断的教育研究的历史》，花海燕等译，教育科学出版社，2006，第 63 页。

③ See Henry Chauncey and John E. Dobbin, *Testing: Its Place in Education Today* (New York: Harper & Row Pub., 1963), p. 13.

二、埃尔伍德·帕特森·卡伯莱

埃尔伍德·帕特森·卡伯莱是20世纪早期教育管理领域中的集大成者，他的著作代表了20世纪早期美国教育领域对工业化和城市化的集中回应。他于1905年在哥伦比亚大学师范学院获得博士学位，师从杜威和桑代克。卡伯莱的博士论文题目是《学校经费与分配》（“School Funds and Their Apportionment”），他相信“几乎所有教育问题的背后都涉及是否具有充足的经费”，而教育专业化是有效解决教育问题的关键。[①] 卡伯莱在教师学院度过的时光使他相信，“对教育现象的科学研究必须使用统计方法”[②]。

卡伯莱于1906—1933年担任斯坦福大学的教育学教授，这一时期他出版了一系列著作，这些著作被奉为20世纪30年代前公立学校管理改革的圭臬。他在《公立学校管理：公立教育管理和组织的基本原则》（*Public School Administration: A Statement of the Fundamental Principles Underlying the Organization and Administration of Public Education*）一书中指出：“在某种意义上，我们的学校就是工厂”[③]，与工商业领域中的泰勒原理的精神高度契合。这句话被誉为最能代表20世纪30年代之前工业化和商业化对教育领域影响的经典语录。

---

① 参见埃伦·康德利夫·拉格曼《一门捉摸不定的科学：困扰不断的教育研究的历史》，花海燕等译，教育科学出版社，2006，第76页。

② Jesse B. Sears and Adin D. Henderson, *Cubberley of Stanford: And His Contribution to American Education* (Stanford Calif.: Stanford University Press, 1957), p. 88. 转引自埃伦·康德利夫·拉格曼《一门捉摸不定的科学：困扰不断的教育研究的历史》，花海燕等译，教育科学出版社，2006，第77页。

③ Ellwood Patterson Cubberley, *Public School Administration: A Statement of the Fundamental Principles Underlying the Organization and Administration of Public Education* (Boston: Houghton Mifflin, 1929), p. 512.

卡伯莱出版于1909年的《变化中的教育概念》(*Changing Conceptions of Education*)一书指出，改变美国社会的最重要力量是工业产品的增加，它带来了政治、家庭生活、宗教和教育的转型。同时，城市规模增长、移民大量涌入，这两个因素与工业化同时发生，也是工业化本身的产物。这种变化削弱了传统社会"把青年人培养成性格正直和有一定生产能力的公民"的教养模式。在世纪之交的10年，各个领域的资本和企业开始集中，劳动力分散到了各个专门的行业中，组织的等级制更强，与之前的一代人相比，处在社会底层的人数增加了，成功更难。劳动力分散的后果是，阶层之间的差异更明显了，教育承担着寻找多样性中的统一性的任务。为了提升社会效率，学校应该放弃"所有人平等""无阶层社会"这样的观念，而开始专业化的努力，让学生能更好地适应未来城市生活的各个阶层的需求。同时，应该实行"区分课程"(differentiated curriculum)，来适应不同的教育目标。学校必须唤醒和阶级意识相对的社会意识来生产重要的社会和公民课程。只有当社会课程和我们社会、公民及工业生活中的问题和需求相适应时，社会课程才会有价值。①

卡伯莱认为，学校应该解决所面临的工业化、移民化、政治腐败、古老乡村的社会化等问题。州政府无能且低效；学校必须用有效的方式教学，用有效的、强有力的政府管理的方式；基础的道德和经济原则必须教给大众，他们可以意识到公民政治的重要性，并且理解谁最终应该为管理不善来买单。人民把金钱和闲暇时间浪费在愚蠢的方式上，必须学习有价值的知识和利用闲暇时间。大学应该把教育作为改进州和公共福利的一种手段，教育非常重要，不能把教育只是留给家长或者政治家。教育是一种训练专家的工作，"血管里流着高贵的血"

---

① See Ellwood Patterson Cubberley, *Changing Conceptions of Education* (Boston, New York etc.: Houghton Mifflin Company, 1909), pp. 5, 6, 18.

的高尚的人，他们了解这个世界的需求和问题，他们有远见能看到这些问题，有勇气去这样做，也有胆量敢去这样做。他们可以用有用的、有效的行动来培养年轻人。①

卡伯莱在美国教育领域中具有巨大的影响力。在他的推动下，1921 年，哥伦比亚大学教师学院田野调查分部（The Division of Field Studies of Teachers College）成立，乔治·斯特尔（George D. Strayer）担任主任。这个部门对全国学校调查运动的开展起着重要作用。它为全国很多部门开展调查提供了资金支持，斯特尔作为经验丰富的学校调查专家，亲自参与并指导了很多学校调查。“1928 年开展的 12 项调查，有 11 名参与主持的专家是由哥伦比亚大学教师学院田野调查分部培养的；1927 年开展的 18 项调查中的 12 个专家来自这里；1926 年开展的 13 项调查中的 7 项是由这里培养的专家主导的。”② 这个机构集合了各个领域的专家，当时在读的一些研究生也主动要求加入这个机构，希望获得学校调查的经验。因此，哥伦比亚大学教师学院田野调查分部在专家数量和质量上在当时都具有领先地位。“从开展调查的数量、对其他调查机构的影响、报告的数量、调查的范围、对调查发展的贡献来说，哥伦比亚大学教师学院田野调查分部在当时是最有影响力的。”③

三、查尔斯·哈巴德·贾德

查尔斯·哈巴德·贾德是芝加哥大学的教授，是杜威在 1904 年离

---

① See Ellwood Patterson Cubberley, *Changing Conceptions of Education* (Boston, New York etc.: Houghton Mifflin Company, 1909), pp. 15, 19, 20.

② Hollis Leland Caswell, *City School Surveys: An Interpretation and Appraisal* (New York: Teachers College, Columbia University, 1929), p. 39.

③ Hollis Leland Caswell, *City School Surveys: An Interpretation and Appraisal* (New York: Teachers College, Columbia University, 1929), p. 39.

开芝加哥大学之后在芝加哥大学的继承人。他和桑代克一样毕业于卫斯理学院。贾德和桑代克同样认为，教育科学的发展要建立在控制性实验和准确的定量测量的基础之上。① 但是他受冯特的复杂的社会精神观念的影响，并不认同支撑桑代克全部研究的狭隘行为主义。对贾德来说，能使人积极主动学习的高级神经过程要比桑代克所注重的简单的刺激和反应的联结更为重要。② 贾德最终对桑代克理论的发展还是来自中小学教师培训的课堂上的启发。

贾德在纽约大学教育学院工作的时候就掌握了心理学，但是无法吸引前来参加教师培训的中小学教师的兴趣，他们经常打断贾德的讲座，问道："教授，你能不能告诉我们应该怎样把这些法则应用到儿童教育上?"③ 贾德无法回答，他开始对学校教育问题感兴趣，而不仅仅关注学生的心理发展，他试图研究学校中的教育问题。也正是这一转向成为贾德在桑代克的理论基础之上对教育科学问题做出的创新。如果说桑代克开创了教育科学化之先河，将教育学从哲学的怀抱中脱离出来，给教育学找了心理学这个客观基础的话，那么贾德则认为大学的教育研究必须与社会和行为科学相一致。

在学校调查运动中，贾德是较为活跃的大学教师，也正是由于贾德的积极推动，芝加哥大学教育学院在学校调查运动中发挥了重要作用。在学校调查运动中，贾德一方面以专家身份主导地区或学校的调查，或者鼓励当地的管理者自行对所在的学校系统开展调查；另一方面贾德与这些公立学校的管理者建立了良好的合作关系，并且把其中

---

① See Charles H. Judd,"On Scientific Study of High-School Problems,"*School Review* 18,No. 2(1910):84-98.

② 参见埃伦·康德利夫·拉格曼《一门捉摸不定的科学：困扰不断的教育研究的历史》，花海燕等译，教育科学出版社，2006，第65—70页。

③ Carl Murchison(ed.),*A History of Psychology in Autobiography*(Worcester Mass.: Clark University Press,1932),pp. 221-222.

的部分人吸收为芝加哥大学的学生，指导他们的学位论文。[1]

第三节 教育测量运动的核心协会

一、美国教育协会

美国教育协会是美国教育领域中最有影响力的组织之一，在美国成立联邦教育部之前，它一定程度上承担了在联邦层面对当下的教育问题展开探讨并形成决策的职能。因此，美国教育协会是在全美层面讨论美国教育相关的问题无法回避的组织。在本书研究的美国教育测量运动中，美国教育协会发挥了以下几方面的作用。

第一，明确教育测量运动中的关键问题。

每年一次的美国教育协会年会上讨论的主题，都反映了美国教育中最需要解决的问题，而其会后形成的决议，也为美国教育的发展明确了方向。1911 年，美国教育协会成立了节约时间委员会，推动科学管理和效率思想在课程领域的推广。该委员会和全国制造商协会关系非常密切，甚至可以作为全国制造商协会的执行机构。在效率主义盛行的年代，即 20 世纪 20 年代，每年的美国教育协会年会讨论的主题都会包含“提高教育效率”“科学管理的应用”之类的话题。1913 年，美国教育协会督导分会（Department of Superintendents）以“通过科学管理改进学校系统”（Improving School System by Scientific Management）为会议主题，这标志着用科学管理改进学校系统的思想已经正式得到

---

① See Hollis Leland Caswell, *City School Surveys : An Interpretation and Appraisal* (New York: Teachers College, Columbia University, 1929), p. 41.

美国教育界的认可，进而得到全美国的认可。[①]

第二，出台相关报告构成教育测量运动中的重要组成部分。

美国教育协会先后成立十人委员会和大学入学要求委员会，并出台《十人委员会报告》和《大学入学要求委员会报告》以解决美国中等教育和高等教育的衔接问题，明确了美国公立中学普遍使用的四种标准化课程，将课程结果的测量统一到教学时间上，构成美国教育测量运动中重要的组成部分——课程的标准化和测量。

第三，下属专项委员会或协会直接领导教育测量运动。

美国教育协会督导部（Department of Superintendence of the NEA）成立于1880年，是全国领先的公立学校督导的联合会。在1915年辛辛那提的美国教育协会督导部部门大会上，几个志同道合的人一起成立了全国教育研究管理者协会（National Association of Directors of Educational Research，NADER）。此后，每年2月举行的督导部的年会上举办NADER每年的例会。在NADER的宣言中说，该协会致力于促进实践调查，反对理论上的调查，并确立了两条指导原则：一是推动在公立教育系统中建立独立的教育研究部，二是促进教育测量在教育研究中的使用。全国教育研究管理者协会后来发展为美国教育研究协会（American Educational Research Association，AERA）。NADER的成员从事教育测量工作，致力于在教育研究中使用教育测量。在20世纪前半叶，NADER和AERA的成员促进并推动了统计与测量技术在美国公立学校的应用。

第四，为教育测量运动提供资金支持。

在学校调查运动中，美国教育协会效率和标准委员会（Committee on Standards and Tests of Efficiency）直接提供了部分地区学校调查的

---

① 参见埃伦·康德利夫·拉格曼《一门捉摸不定的科学：困扰不断的教育研究的历史》，花海燕等译，教育科学出版社，2006，第22页。

资金资助。美国教育协会效率和标准委员会主席透露，每年用在柯蒂斯标准化测试上的问卷要花费 5000 美金—6000 美金。[①]

二、拉塞尔·塞奇基金会

拉塞尔·塞奇基金会是由玛格丽特·奥利维娅·塞奇（Margaret Olivia Sage）于 1907 年创办的。该基金会在解决贫困问题、改善监狱条件，以及进行医疗改革、城市规划、劳工立法、护士训练等方面做出贡献。[②] 该基金会的工作分为三部分：一战之前，成立了统计研究部且广泛出版社会科学类的著作；一战至 20 世纪 30 年代初，扩大了统计工作的服务面且增加了对劳资关系的研究；20 世纪 30 年代至二战之前，继续资助对劳资关系的研究，来缓解大萧条给美国带来的影响。[③] 在 19 世纪末至 20 世纪初的美国教育测量运动中，拉塞尔·塞奇基金会发挥了以下几方面的作用。

第一，推动社会调查和分析。

拉塞尔·塞奇基金会的宗旨是“通过将社会研究与公共政策代言结合起来这一方式，追求改善美国的社会及生活条件”[④]，而统计调查研究成为最重要的工具之一。拉塞尔·塞奇基金会最大的贡献是发起

---

① See S. A. Courtis, “Courtis Tests in Arithmetic: Value to Superintendents and Teachers,” in *Fifteenth Yearbook of the National Society for the Study of Education*, ed. National Society for the Study of Education(Bloomington: Public School Publishing Company, 1916), p. 95.

② 参见资中筠《财富的归宿：美国现代公益基金会述评》，生活·读书·新知三联书店，2011，第 63 页。

③ See John M. Glenn, Lilian Brandt and F. Emerson Andrews, *Russell Sage Foundation, 1907-1946*(New York: Russell Sage Foundation, 1947), p. 65.

④ John M. Glenn, Lilian Brandt and F. Emerson Andrews, *Russell Sage Foundation, 1907-1946*(New York: Russell Sage Foundation, 1947), pp. 10-12.

了社会调查和分析，从而推动 20 世纪社会科学的起步和发展。[①] 在学校调查运动中，该基金会为部分地区提供资金支持。

第二，主要负责人直接投身并领导学校调查运动。

资中筠先生的《财富的归宿：美国现代公益基金会述评》一书，将美国的基金会分为四类：独立基金会、社区基金会、公司基金会、运作型基金会。拉塞尔·塞奇基金会属于运作型基金会，即大部分工作由基金会自己做。拉塞尔·塞奇基金会的工作人员多为社会学家和社会工作者，他们发表了许多关于社会问题的报告，意图影响公共决策。拉塞尔·塞奇基金会中的罗纳德·波特·埃尔斯（Leonard Porter Ayres）先生，广泛参与了学校调查运动。

埃尔斯于 1908 年来到拉塞尔·塞奇基金会，担任统计与教育两个部门的主任。在来到基金会工作之前，他做过学区督导，也在波多黎各教过书。在基金会工作期间，他还获得了波士顿大学的统计学博士学位，并对学校调查统计深感兴趣。他认为，教育领域工作的一个基本原则是发现真理，但真理不会自己站出来讲话。因此统计调查研究这一技术在教育领域有用武之地。他认为，进行学校统计调查的人必须是受过训练的有经验的教育工作人员和调查研究人员，只有如此才有助于赢得公众对提出的政策建议的支持。[②] 埃尔斯非常重视学校调查运动，他的重视使得贾德等大学中的教授获得了支持。

小　结

19 世纪末至 20 世纪初的一段时间是教育学逐步确立自己的学科边

---

① 参见资中筠《财富的归宿：美国现代公益基金会述评》，生活·读书·新知三联书店，2011，第 63 页。

② 参见埃伦·康德利夫·拉格曼《一门捉摸不定的科学：困扰不断的教育研究的历史》，花海燕等译，教育科学出版社，2006，第 81 页。

界的时期，教育学从心理学和管理学中借鉴科学工具，实现了教育学的专业化。因此，在美国教育测量运动中，无论是哪一种测量对象，主导学校测量运动的都是本章所述的几位重要人物。他们是学校测量运动这个“时势”中的“英雄”，他们所形成的中小学管理者和大学教师的联盟，是延续至今的教育领域中的“共同体”之一。

第三章　个体差异的测量

个体差异作为一个独立的心理学概念的兴起并且被学界和公众所接受，是和心理学发展为一门独立的自然科学的进程紧密相关。比奈-西蒙量表是个体差异的测量工具。比奈-西蒙量表在美国的大规模使用是“美国现代考试开端的标志”①。研究比奈-西蒙量表从欧洲进入美国的过程，以及对美国产生的影响，是完整阐释 19 世纪末期美国教育测量运动的应有之义。

19 世纪中后期，自然科学在西方文明中的地位逐渐上升，心理学逐渐摆脱神学“婢女”的地位，发展成一门独立的自然科学。② 心理学从哲学中脱离出来经历了三件事情：达尔文的《物种起源》的发表，冯特建立了第一个心理学实验室，高尔顿的个体差异研究。③ 在心理学发展成一门独立的自然科学的过程中，个体差异的概念兴起并被学界和公众所接受。

---

① Henry Chauncey and John E. Dobbin, *Testing : Its Place in Education Today* (New York: Harper & Row, Pub, 1963) p. 2; Behling Calvin Carl, "A History and Analysis of Educational Assessment in the United States" (PhD diss., Wayne State University, 1980): 18.

② See Joncich G., *The Sane Positivist : A Biography of Edward L. Thorndike* (Middletown CT: Wesleyan University Press, 1968), pp. 3-4.

③ See James L. Wardrop, *Standardized Testing in the Schools : Uses and Roles* (Montery Calif.: Brooks/Cole Pub. Co., 1976), p. 10; Behling Calvin Carl, "A History and Analysis of Educational Assessment in the United States" (PhD diss., Wayne State University, 1980), p. 17.

第一节　个体差异概念的兴起

世界上最早关于个体差异的记录出现在 18 世纪末期。1796 年《格林尼治天文观察》（“Astronomical Observations at Greenwich Observatory”）上记录了这样一个小故事：格林尼治天文台的皇家天文学家尼维尔·马斯基林（Nevil Maskelyne）的助手大卫·金内布洛克（David Kinnebrook）因报告恒星运行的速度比老板测试到的晚了一秒钟而被解雇。1816 年柯尼斯伯格（Konigsberg）的一个观察家巴赛尔（Bessel）发现了这件事，他研究了马斯基林的记录，并且开始了一系列独立研究。1823 年，巴赛尔得出结论：两个天文学家的观测数据总是会有 1—2 秒的差别。① 然而，这个结论在当时并没有引起天文学家的过多关注。

19 世纪中后期，自然科学逐渐成为西方文明的一部分，心理学也开始从哲学领域中逐渐分化出来。个体差异概念的出现成为心理学从哲学领域分化出来的人性假设前提。

一、个体差异测量在欧洲的发展

1879 年，威廉·冯特在德国莱比锡大学建立了世界上第一个大学心理学实验室。这个实验室作为心理学研究的开端，影响了英国、美国的同行们。② 冯特关注有实验控制的实验，即应用各种新奇的机械装备来探索记忆、推理、逻辑、味觉、嗅觉、听觉、视觉等心理过程的

① See C. R. Rao and S. Sinharay, *Psychometrics* (Boston: Elsevier, 2007), p. 6.

② See Adolphe E. Meyer, *An Educational History of the American People* (New York, Toronto, London: McGraw-Hill Book Company, Inc., 1958), p. 28.

实质。[①]

实验心理学的研究重镇在德国。但是，用统计学的方法研究心理问题的重镇则在英吉利海峡的对面——英国。当冯特在德国尝试用控制性实验探索心理过程的时候，高尔顿尝试用统计学的方法来研究心理问题。[②]

英国的弗朗西斯·高尔顿是个体差异测量方面的集大成者。高尔顿出生于一个显赫的家族，是查尔斯·达尔文的表兄。高尔顿年轻时曾学习医学、数学，但都因为不感兴趣或者精神崩溃而辍学，依靠父亲过世后留给他的一笔财富过着纨绔子弟的生活。1859 年，其表弟达尔文的《物种起源》（*On the Origin of Species*）问世，这一著作彻底改变了高尔顿的一生。读过这本书后，他的世界观彻底发生了变化，他从一个虔诚的英国国教徒转而成为一个不可知论者。这个转化的过程相当痛苦，之后他处于精神崩溃状态长达 3 年。在生命最后阶段，高尔顿指出：阅读《物种起源》“标志着我的智力发展的新纪元”[③]。

高尔顿早期在南肯辛顿博物馆（South Kensington Museum）开展人类学研究。1875 年，他进行了“双生子研究”“数形心理”，以及“色盲”等科学研究。1884 年，高尔顿在伦敦创办了人类学实验室，测量人类颅骨的大小、手臂伸开的长度、反应的时间等，在接下来的 6 年中他收集了 10 000 个人的身体数据。[④] 与此同时，高尔顿在统计学领域也颇有建树。他在人体检测实验室建立之前很久就已经开发了令人称

---

① See Gilbert L. Noble,“Joseph Mayer Rice:Critic of the Public Schools and Pioneer in Modern Educational Measurement”(PhD diss. ,University of New York,1970),pp. 199-200.

② See Adolphe E. Meyer,*An Educational History of the American People*(New York, Toronto,London:McGraw-Hill Book Company,Inc. ,1958),pp. 20-25.

③ 斯蒂芬·默多克：《智商测试——一段闪光的历史，一个失色的点子》，卢欣渝译，生活·读书·新知三联书店，2009，第 13 页。

④ See C. R. Rao and S. Sinharay,*Psychometrics*(Boston:Elsevier,2007),p. 28.

奇的统计方法。1869 年，他出版了《遗传的天赋》(*Hereditary Genius*)一书，该书囊括了其此前 12 年研究的关于统计学领域的成果，在书中，他提出了相关系数的概念。① 高尔顿的兴趣是从他的检测室测得的数据中找到不同点，并用统计学的方法来表征不同个体之间的差异。

二、个体差异测量在美国的发展

美国出现的用实验心理学方法和统计方法研究心理问题的源头是通过美国去欧洲学习的人将这种方法带回到美国，具有代表性的是冯特的学生霍尔、高尔顿的狂热追随者卡特尔。

霍尔是美国第一个获得心理学博士学位的学者，也是第一个接受冯特心理学的思想且开始构建心理学方法的美国人。霍尔于 1878 年到达德国，师从冯特，是冯特的第一个美国学生。1880 年，霍尔从德国回到美国，哈佛大学校长埃利奥特找到了他，请他在每周六上午讲演教育问题，由于讲演非常成功，霍尔获得公众瞩目。1881 年，约翰·霍普金斯大学邀请霍尔做心理学讲座，讲座十分成功。1882 年，约翰·霍普金斯大学正式聘请他作为心理学讲师。1883 年，霍尔在约翰·霍普金斯大学创办了美国第一个分析心理学实验室，也是世界上第一个用英语研究心理学问题的实验室。1887 年，霍尔创办了《美国心理学刊》(*The American Journal of Psychology*)，并资助了克拉克大学 (Clark University) 建立儿童研究中心。克拉克大学儿童研究中心培养了很多在教育学和心理学领域颇有建树的学者，例如杜威、卡特尔、约瑟夫·贾斯特罗 (Joseph Jastrow) 等。1892 年，霍尔担任美国心理学会 (American Psychological Association，APA) 第一任主席。

---

① 参见斯蒂芬·默多克《智商测试——一段闪光的历史，一个失色的点子》，卢欣渝译，生活·读书·新知三联书店，2009，第 26 页。

高尔顿在心理测量方面的工作由卡特尔继承，并且在美国继续得到发展。[①] 卡特尔于 19 世纪 80 年代在德国莱比锡大学取得博士学位，师从冯特，且在剑桥大学进修期间认识了高尔顿，成为高尔顿的狂热追随者。他将高尔顿的思想带回了美国，并且在他的职业生涯中一直高调推广高尔顿的方法。他赞赏高尔顿在心理测量方面的工作，在高尔顿人体检测实验室的基础上建立了成套的检测方法。卡特尔在达尔文进化论的影响下深信个体差异心理学的重要性，并将测验作为研究个体差异的主要方法，创造了“心理测验”一词，成为促进心理测验在美国发展的第一人。其研究可分为反应时间、联想、知觉和阅读、心理物理学等方面及个体差异。[②]

卡特尔从 19 世纪 90 年代开始在哥伦比亚大学任教。他在哥伦比亚大学建立的心理学实验室，对美国社会产生巨大的影响。

第一，卡特尔认为，一个人的推理、批判思维、想象力这些高级智能和低级智能之间是有关系的。他测量的是一些较为“低级”的方面，例如速记、视觉敏锐性、颜色视觉、听力敏锐性、声音的感觉、皮肤的感觉、对重力的感觉、疼痛的感觉、动作的准确性和稳定性、反应时间等，但他认为这些“低级”的方面会帮助推断思维、想象等“高级”能力。卡特尔在哥伦比亚大学的心理学实验室中开展了大量的测验，促进了公众对个体差异测量的认识，推广了这种观念，并且积累了大量数据样本。[③]

第二，培养了桑代克等科学家。卡特尔在哥伦比亚大学任教时提

---

① See Stephen S. Colvin, “Intelligence Tests and Their Use,” in *Twenty-First Yearbook of the National Society for the Study of Education*, ed. National Society for the Study of Education (Chicago: University of Chicago Press, 1922), p. 25.

② 参见 E. G. 波林《实验心理学史》，高觉敷译，商务印书馆，1981，第 608 页。

③ See Stephen S. Colvin, “Intelligence Tests and Their Use,” in *Twenty-First Yearbook of the National Society for the Study of Education*, ed. National Society for the Study of Education (Chicago: University of Chicago Press, 1922), p. 26.

出："这个时期，科学家需应用科学的方法以测定促进或阻碍科学发展的种种情景，我们做的这些实验应该成为每个心理学实验室的一部分。"① 他在实验室中鼓励学生应用测量方法开展科学研究。他曾鼓励桑代克在哥伦比亚大学新设的教育学院内对儿童做与动物研究相似的心理测验。卡特尔对桑代克科学研究方向的指导帮助桑代克成为美国教育测量和心理测量领域的集大成者，最终促使哥伦比亚大学成为教育测量研究的重镇。

桑代克曾这样评价卡特尔在哥伦比亚大学时期的贡献："卡特尔精炼了高尔顿的方法，使得这种个体测量的方法在宾夕法尼亚大学得到认可，成为一种心理学的分支，并且成为大学中心理学专业应该培训的领域之一，从宾夕法尼亚大学开始的对心理素质的测试，后来成为哥伦比亚大学实验室的重要标志。我们这些学生，就是在那里接受了个体心理学的训练。"②

尽管在 20 年后，卡特尔的学生克拉克·威斯勒（Clark Wissler）用相关系数的方法证明了高尔顿在人体检测实验室所信奉和检测的手臂的长短、颅骨的大小等物理特征和智力这种高级的思维活动之间并不存在相关关系③，卡特尔自己也改行成为《科学》杂志的编辑，并且创办了一家心理学公司④，但是卡特尔在哥伦比亚大学实验室的工作，

---

① Stephen S. Colvin,"Intelligence Tests and Their Use,"in *Twenty-First Yearbook of the National Society for the Study of Education*, ed. National Society for the Study of Education(Chicago: University of Chicago Press, 1922), p. 26.

② Stephen S. Colvin,"Intelligence Tests and Their Use,"in *Twenty-First Yearbook of the National Society for the Study of Education*, ed. National Society for the Study of Education(Chicago: University of Chicago Press, 1922), p. 25.

③ 参见斯蒂芬·默多克《智商测试——一段闪光的历史，一个失色的点子》，卢欣渝译，生活·读书·新知三联书店，2009，第 44 页。

④ 参见斯蒂芬·默多克《智商测试——一段闪光的历史，一个失色的点子》，卢欣渝译，生活·读书·新知三联书店，2009，第 30 页。

极大地促进了公众对个体差异的接受，帮助美国当时的国内环境做好了迎接一切实验心理学结论的准备。

19 世纪八九十年代，个体差异的概念深入人心，家庭作坊式的智力测试实验室如雨后春笋般在欧洲和美国兴起。[①] 然而，这种分散的、没有组织的智力测试量表没有统一的标准，也没有得到官方的认可。一直到 20 世纪初期，在欧洲大陆，出现一种流传广泛并影响深远的智力测试量表。

第二节　个体差异的测量工具：比奈-西蒙量表

世界上应用非常广泛、实践性非常强的心理测试来源于法国的阿尔弗雷德·比奈（Alfred Binet）和泰奥多尔·西蒙（Theodore Simon）发明的比奈-西蒙量表。[②] 19 世纪 90 年代，法国通过了《全民教育法》，这意味着所有孩子都要进入学校。任何智力有缺失的孩子都要进入课堂，这给教师和学校带来巨大困难，教师不仅要把学生识别出来，而且要对学生的教育结果负责任，这就意味着教育工作者需要一种工具，来把学生识别出来。比奈是索邦大学心理学实验室（Laboratory of Physiological Psychology at the Sorbonne）的负责人，也是负责给当局找到一种能把“不会学习的人”（non-learner）筛查出来的方法的成员之一。[③]

---

① 参见斯蒂芬·默多克《智商测试——一段闪光的历史，一个失色的点子》，卢欣渝译，生活·读书·新知三联书店，2009，第 28 页。

② See Stephen S. Colvin,“Intelligence Tests and Their Use,”in *Twenty-First Yearbook of the National Society for the Study of Education*, ed. National Society for the Study of Education(Chicago:University of Chicago Press,1922),p. 25.

③ See Behling Calvin Carl,“A History and Analysis of Educational Assessment in the United States”(PhD diss. ,Wayne State University,1980),p. 18.

一、比奈-西蒙量表在法国诞生

比奈对智力量表的实践源自多年在自己两个女儿身上的实验，他观察孩子在自然状态下的行为，并且用当时的心理学知识测试两个孩子的能力及迥异的个性。[①] 有对儿童生活经历的切身观察，形成对智力的理解，进而开发出来的量表，本身就已经克服了高尔顿时期“测试结果和实际观察不符合”的弊端。这期间比奈形成了一些有影响力的观点，例如，智力中枢存在于人的大脑中，只需要测量这个器官即可，而不需要像高尔顿测试视觉敏锐度和卡特尔测试人们展开双臂的延展度；智力测验应该区分儿童和成人，智力是随着年龄不断发展的。19世纪90年代，比奈开发出一套两个小时的智力测试题，但并没有受到社会重视。法国巴黎当局的政策给智力量表获得关注提供了契机。法国的现实需求推动了比奈和西蒙的合作，比奈和西蒙将各种测试题目放在一起，共同开发了一套非常全面的测试。

整体而言，个体差异的测试共分为两类，一类测试的是被试者的一般智力（general intelligence）水平，简言之就是“智商”。这背后的逻辑即智力水平较高的人可以胜任一切工作，包括处理战场上复杂的情况。同时，智力测试成绩较高的人有可能被任命为军官等在军队中具有决策能力的职位。另一类测试是职业测试，测试普通人群能否胜任木匠、水管工等各种类型的工作，且会对参与测试者给予适合从事某种工作的建议。通常而言，被大众广为接受的个体差异量表就是对一般智力的测试。

---

① 参见斯蒂芬·默多克《智商测试——一段闪光的历史，一个失色的点子》，卢欣渝译，生活·读书·新知三联书店，2009，第34页。

二、比奈-西蒙量表被介绍到美国

当实验心理学和智力测验量表在欧洲兴起的同时，大洋彼岸的美国则是另一番情景。20 世纪初期，美国经历了新一轮移民的高潮，以欧洲南部、非洲北部的移民居多。相较于 19 世纪中叶以爱尔兰移民、德国移民占大多数的移民潮而言，这次的移民受教育程度和英语水平较低，缺乏一技之长，很难迅速融入美国社会。这批散落在街角的移民构成了社会安全的极大隐患，给美国人的生活带来了困扰和不便。与此同时，在 19 世纪末，人们把智力低下和道德联系起来，认为智力低下的人一定是道德败坏的人，是危害公共安全的“毒瘤”。这种对智力低下者的“偏见”与移民给社会带来的各种弊端共同影响着美国人的生活，美国人形成了对智力低下者、移民的排斥，甚至是憎恶。他们试图把这样的“败类”清除出正常美国人的生活。从 19 世纪 50 年代开始，美国出现了第一所为智力低下者开办的学校，且学校数量逐年增加。到 20 世纪早期，为智力低下者开办的学校作为预防社会危机的社会福利机构，在美国各地的数量逐渐增多。

20 世纪初期，亨利·赫伯特·戈达德（Henry Herbert Goddard）是美国新泽西州一个为智力低下者开办的学校——瓦恩莱德学校——心理研究所的研究员，在和智力低下的孩子交往的过程中，他已经用实践证明了高尔顿的智力测试的结果和教师评价的结果非常不符合，所以他积极地寻找一种科学的诊断智力低下的儿童的新方法。为了找到更好的方法，他去欧洲旅游，但他到欧洲并没有拜见比奈，他在日记中写道：“比奈的实验室在很大程度上已经成为人们的笑谈。”① 然而

① 斯蒂芬·默多克：《智商测试——一段闪光的历史，一个失色的点子》，卢欣渝译，生活·读书·新知三联书店，2009，第 44 页。

不知什么时候他收到了一包东西，里面放着比奈问卷，他并没有把它们丢进垃圾桶，而是将它们带回了美国，并将它们翻译了出来。戈达德用比奈-西蒙量表测试了 2000 名正常儿童，也测试了瓦恩莱德学校中智力低下的儿童。测试结果让他喜出望外：测试结果和教师对学生的评价非常接近。他因此认为这个量表测验的就是学生的智力，尽管这个量表的发明者本身并没有这样认为。他于 1911 年在《教育学讨论》（*Pedagogical Seminary*）上发表了一篇文章描述了两次测试的结果。①

戈达德在第一所公立学校使用比奈-西蒙量表后，开始了在教育领域势如破竹地推广比奈-西蒙量表。1911 年，新泽西州的立法机构出台了一项法令，要求地区学校为那些“智力为 3 岁或者不足 3 岁的”学生开设特殊班。到了 1914 年，当时在美国的 103 个城市中，已经有 83 个城市使用智力量表测定智力低下的学生了，这已经囊括了全美国人口超过 25 万的所有城市。②

戈达德开始使用自己与生俱来的社交能力来推广比奈-西蒙量表，并且大获成功。戈达德首先劝说医学领域来接受比奈-西蒙量表。比奈认为，心理问题会导致智力缺陷，而不是生理问题。在 1910 年前后，医学领域首先接受了该量表。医生对该量表的贡献在于，用一种通俗易懂的方式来解释智力低下——正常人的生理发展周期。这样一种通俗的“等距”的方式，也就是一种参考说法，让智力的概念进入了普通人可以理解的范围。

---

① See Henry Chauncey and John E. Dobbin, *Testing: Its Place in Education Today* (New York: Harper & Row, Pub, 1963), p. 11; Behling Calvin Carl, “A History and Analysis of Educational Assessment in the United States” (PhD diss., Wayne State University, 1980), p. 27.

② 参见斯蒂芬·默多克《智商测试——一段闪光的历史，一个失色的点子》，卢欣渝译，生活·读书·新知三联书店，2009，第 60 页。

三、比奈-西蒙量表与智力

这里有一个至今讨论仍然不过时的问题：比奈-西蒙量表测验的是否是智力？比奈和西蒙认为他们测试出来的东西并不是智力，而只是智力的一种活动。比奈和西蒙本人并没有相信他们的方法能够测试出每个人的内在潜力，比奈还非常有预见性地认为对智力进行定义是一件非常困难的事情。

虽然比奈-西蒙量表的“创始人”比奈和西蒙并不认为他们的量表测试出来的结果可以被称作“智力”，但是，同时期的其他心理学家或者心理学和特殊教育工作者却深信比奈-西蒙量表测试的结果就是“智力”。这其中比较有代表性的人物是查尔斯·斯皮尔曼（Charles Edward Spearman）和亨利·赫伯特·戈达德。

查尔斯·斯皮尔曼实现了将优生理论融入比奈测试方法中的理论。斯皮尔曼的智力双因素理论为比奈-西蒙量表提供了理论上的支持。斯皮尔曼是位英国军官，曾在德国学习心理学，他基于自己在南非战场上的经验，指出智力可以分为不同的种类，提出了“常规智力”和“特定智力”的智力双因素理论，认为有的智力和感知能力之间确实有关系。斯皮尔曼创立了一套有关智力的理论。斯皮尔曼的理论认为，智力是一种大脑中的活动，决定人的能力，对人的行为具有指导作用。斯皮尔曼的理论引导心理学界对人的能力的探讨从手臂的长短、反应时长等广泛的生物学上的关注聚集到对大脑的探索。智力双因素理论让同时代的心理学家相信比奈-西蒙量表测试的就是智力。[①]

戈达德对于比奈-西蒙量表在美国的传播起到巨大的推动作用。戈

① 参见斯蒂芬·默多克《智商测试——一段闪光的历史，一个失色的点子》，卢欣渝译，生活·读书·新知三联书店，2009，第39页。

达德认为，用量表方法测验的结果已经得到教师的认可，这是社会科学的论证。换句话说，戈达德认为，和学生长年累月生活在一起的教师对学生能力的评价，就是智力。1910 年，戈达德在美国低能人研究会（American Association for the Study of the Feeble-Minded）的年会上宣读了一篇论文《应用比奈的方法分析 400 个智力迟钝的孩子》（“Four Hundred Feeble-Minded Children Classified by the Binet Method”），其核心观点就是，教师的评论可以作为智力测验量表科学的根据。这个观点受到与会医学代表的认可并且逐渐推广开来。[①] 戈达德是一个天生的社交家，他用温和而有说服力的方式让医学界、心理学界和公众逐渐接受他的信念。随着比奈-西蒙量表及其后续多种修订量表的广泛传播，越来越多的人相信戈达德的观点。而智力到底是什么？至今没有一个理论流派能够穷尽对这个问题的答案。

比奈-西蒙量表是一种将学生进行分类和筛选的工具，这种工具使得无法适应学校课程的学生从学校离开。该量表的这种作用在此后的几十年中被不断地夸大，甚至被使用得非常极端。[②] 比奈-西蒙量表虽然产生于欧洲，但是在欧洲并没有被心理学界广泛接受且应用在实践中。而在大洋彼岸的美国，伴随着斯皮尔曼和戈达德等人对比奈-西蒙量表的研究、应用和推广，个体差异测量的观念和智力量表深入人心。在美国，智力量表被医学领域所接受后，一批心理学者开始关注到这个领域并且进行研究。智力量表有了逐渐发展的势头。而第一次世界大战的爆发，给智力量表在美国的大规模普及带来了千载难逢的机遇，智力量表迅速普及，并且成为一股改变美国的力量。

---

① 参见斯蒂芬·默多克《智商测试——一段闪光的历史，一个失色的点子》，卢欣渝译，生活·读书·新知三联书店，2009，第 48 页。

② See Henry Chauncey and John E. Dobbin, *Testing: Its Place in Education Today* (New York: Harper & Row, Pub, 1963), pp. 2-5; Behling Calvin Carl, “A History and Analysis of Educational Assessment in the United States” (PhD diss., Wayne State University, 1980), p. 20.

第三节　个体差异测量在一战中的广泛应用

一战爆发之前，一批心理学家出于成就自身的需要，研究并推广心理测验量表；一战爆发后，军方也因在短期之内迅速壮大的征兵人数而需要一种能够将人划分等级的方法。在互相的需求下，智力测试量表在军方得到广泛应用，从此进入了公众视野。在这个过程中，心理学学科发展逐渐受到重视，心理学赢得了在科学中的一席之地。

一、"征兵心理测试委员会"的成立

美国国会于1917年4月6日向德国宣战，正式加入第一次世界大战。但是，当时的美国军方完全没有做好全面应对战争的准备。按照军方的说法，在第一次世界大战前夕，美国军队"不过是一支国民警察部队"，而且军方非常清楚，一支大规模的警察部队根本不可能应付发生在欧洲的大规模的复杂的战争。1917年3月，美国军队的总兵力为19万人，在不到两年的时间内，军方将征召和训练大约350万人，使美军在1918年11月迅速扩充到366.5万人之多。①

为应付即将到来的大规模征兵，美国军方需要得到帮助，需要一个能够在短时期内帮助军方筛选军人的工具。心理测试适逢其时，甚至可以说，这是一个需要心理测试量表并且也产生了心理测试量表的时代。1917年4月21日，时任美国心理学会主席罗伯特·莫恩斯·耶克斯（Robert Mearns Yerkes）召集了一场由7位心理学家出席的大会。主要议题就是商讨如何利用眼前的大好时机来提高心理学的地位，

---

① 参见斯蒂芬·默多克《智商测试——一段闪光的历史，一个失色的点子》，卢欣渝译，生活·读书·新知三联书店，2009，第85页。

使得心理学摆脱边缘学科的地位，成为自然科学。参加这次会议的人员有卡内基技术组织应用心理学分部（Division of Applied Psychology at the Carnegie Institute of Technology）主席沃特·宾汉（Walter V. Bingham）、波士顿精神病医院（Boston Psychopathic Hospital）的助理托马斯·汉娜（Thomas H. Haines）、马萨诸塞州一所精神病医院的医生弗雷德里克·威尔斯（Frederick L. Wells）、伊利诺伊大学一个考试项目的负责人盖尔·怀普（Guy M. Whipple）、瓦恩莱德学校心理研究所的研究员亨利·赫伯特·戈达德。在这次大会上，耶克斯自我任命为“征兵心理测试委员会”（Council of the American Psychological Association）主席。这几个人的意见最后达成一致：在智力测试范围内，以高尔顿的理论为依据，使用比奈的方法。[①] 当然，这些人最关心的是成就自己，之后是发展心理学，最后才是拯救国家。

当时，出席大会的所有人都同意在军队中大范围使用智力量表。但是，在使用量表的方法上却出现了两种不同的态度，代表人物是耶克斯和瓦尔特·迪尔·斯科特（Walter Dill Scott）。斯科特在大部分时间内，和商业打交道，为企业从大量申请人当中筛选合适的雇员，对于军队的看法也是要进行大规模的测试。但是当时占主导地位的是以耶克斯为代表的心理学家，他们认为智力量表仅仅是为了“抵御来自低能人的威胁”，必须将智力迟钝的人分离出来，军队才会有效率。同时，耶克斯认为智力是每个人独特的心理特征，因此值得测定，而且必须用科学的方法精确测定。[②]

---

① See Michael Mark Sokal, *Psychological Testing and American Society, 1890-1930* (New Brunswick, N. J.: Rutgers University Press, 1987), pp. 75-94.

② See Lewis M. Terman, “The Uses of Intelligence Tests (1916),” accessed May 1, 2010, http://psychclassics. yorku. ca/Terman/terman1. htm.

二、在一战中使用个体差异量表

1917 年 8 月，美国国会组织了一次征兵预测试，使用阿尔法测试（Examination Alpha）的题目。阿尔法测试共有八套题目，用语言表达的方式，测试被试者在掌握同义词和反义词、句子排序、数列、类比、语言等知识以及执行指令等方面的能力。测试者发现，被试的大量士兵中没有具有较好的读写能力的移民或者新招来的外国人，他们无法正确理解用语言表达的阿尔法测试表达的内容。因此，测试者很快把测试题目修改为贝塔测试（Examination Beta），用魔方、迷宫、完成图形、x-o 系列、数字符号、数字辨认、地理填图等题目，代替语言类题目，测试结果用 A（最好）至 E（最差）五个等级来表示被试者的智力水平。截至 1919 年 1 月，测试项目共覆盖了 1 726 966 位应征入伍的士兵和军官。①

征兵心理测试委员会中两派心理学家虽然观点不同，但都受到军方重视。最后，军方雇用了两批心理学家，用各自的方式来分析和解决问题。一方面剔除智力程度不够入伍资格的人，另一方面可以找出那些比一般人聪明的“军官材料”。② 理所当然地，斯科特所倡导的方法受到了军方的重视，他开发了“军官晋级考核标准”（Rating Scale for Captains）；而耶克斯由于理论多于实际，并没有受到军方的重视，更糟糕的是，耶克斯对军人进行了一对一的测试，但由于庞大的军队

---

① See Paul Davis Chapman, *Schools as Sorters: Lewis M. Terman, Applied Psychology, and the Intelligence Testing Movement, 1890-1930* (New York: New York University Press, 1988), p. 68.

② 参见丹尼尔·布尔斯廷《美国人：民主历程》，中国对外翻译出版公司译，生活·读书·新知三联书店，1993，第 256 页。

数量，这一任务几乎无法完成。[①]

智力测试在1917—1919年被美国军方接受并广泛使用，在军队测试中使用最广泛的量表是：军队Alpha&Beta量表（Army Alpha and Beta Scales）、修订之后的斯坦福-比奈西蒙量表（Stanford Revision of the Binet-Simon Tests）。除此之外，还有各种成就测试量表、机械操作能力量表、认知量表等。推孟在《一般智力测试》（“Tests of General Intelligence”）一文中指出了智力测试对军队的好处。他说：“很显然，一个拥有最大脑力的人被分配了需要最多脑力活动的工作，是最有效率的军队。我们想象一下，适合发布命令的人承担了一个挖战壕的工作，而适合挖战壕的人却成了这些人的长官，那军队将会变成什么样子？简而言之，军队这个机器想要高效、平稳运转，必须让合适的人去做合适的工作，这如同把合适的弹药放到与之匹配的枪支中一样重要。”[②]

1918年底，美国签订了停战协议。1919年1月，心理学家给军人进行心理测试作为军队常规工作的提议也被军方当局驳回，心理测试在军队中的使用被广泛叫停。

小　　结

在第一次世界大战之前和战争之中，共有200万人通过了军队的群体测试。智力测试成功帮助美国人在战争中筛选出来适合参军的人，在这个过程中，应用心理学成为一门被广泛接受的学科。比奈-西蒙量表在第一次世界大战中被广泛使用后，曾被改名为“国家智力测试”

---

① 参见斯蒂芬·默多克《智商测试——一段闪光的历史，一个失色的点子》，卢欣渝译，生活·读书·新知三联书店，2009，第76页。

② Lewis M. Terman, “The Use of Intelligence Test in the Army,” *Psychological Bulletin* 6, No. 15(1918): 177-187.

(National Intelligence Test) 投放市场，第一年就卖掉了 50 万份。[①] 在第一次世界大战这个时代背景下，心理学量表为国际战争解决了人员筛选的问题，心理学彻底摆脱了哲学“婢女”的位置，成为一门科学，成为大学中的学科。同时，以心理学为业的心理学家们，也获得了科学家或者专家的身份。

① See Henry Chauncey and John E. Dobbin, *Testing: Its Place in Education Today* (New York: Harper & Row, Pub, 1963), p7; Paul Davis Chapman, *Schools as Sorters: Lewis M. Terman, Applied Psychology, and the Intelligence Testing Movement, 1890-1930* (New York: New York University Press, 1988), p. 68.

第四章　课程的测量

美国最早的客观性测试是什么？这个问题有两种说法。在教育史上，美国第一次教育考试的记载是 1845 年，贺拉斯·曼在波士顿举行纸笔考试，代替传统的口试。曼在 19 所学校中测试了几百名学生。曼提出纸笔测试不是要评价学生的成绩，而是要评价波士顿文法学校（Boston Grammar and Writing Schools）的有效性。1845 年的报告发表在《普通学校杂志》（*Common School Journal*）上，曼用一定篇幅讨论了这次测试，表明这种测试在不久的将来会被开发、被管理、被评估。但是出于对客观性测试和标准化考试的各种偏见，曼并没有使用“客观性”这个词。①

桑代克认为，最早的客观性测试是 1864 年英国格林威治学校（Greenwich）的教师乔治·费希尔·林菲尔德（George Fisher Linfield）开发的客观性测试。他开发并出版了速记、拼写、数学和经文知识（knowledge of scripture）等学科质量的评价参考量表和量表册子。② 这个量表册子用许多数字表示各科测试的好坏程度，例如学习写字，册子中有许多学习写字的样本，依照好坏程度排列起来，最好的为 1，最坏的为 5，中间分为各种等级，从而区分每个人写字的好坏。

---

① See Gilbert L. Noble,“Joseph Mayer Rice:Critic of the Public Schools and Pioneer in Modern Educational Measurement”(PhD diss. ,University of New York,1970),p. 207.

② See Robert L. Ebel, *Essentials of Educational Measurement* (Englewood Cliffs, N. J. :Prentice-Hall,Inc. ,1972),p. 8.

此外，拼写的程度，也可以用各种数字来表示。

然而，无论是曼的测试，还是林菲尔德的测试，都无法称为真正意义上的“客观性测试”。所谓客观的描述必须是用共识取代个体经验，必须具备可重复验证的特性，也就是教育科学研究的特征。教育的科学研究，必须有两个前提：一是学界认可人类行为可以用数量的方法来研究，二是要具备进行调查时必须要用到的统计方法。[1] 由于当时的人对这两方面都没有清晰的认识，这两项研究无法获得传播能力，没有产生深远的影响力，因此无法称这两项研究为教育科学研究。

对课程开展大规模的客观性测试而言，上述第二个前提必要的统计调查的工具已经在心理学领域中开发出来并且大规模使用，那么，课程的客观性测试需要的前提则是学界认可课程可以用数量的方法进行研究。在教育学领域中，课程可以用数量的方法研究仍然有一个前提，不同地区的学校开展的是同一门或者类似的课程，即具有统一的或者标准化的课程可以作为测量对象。19 世纪末期的美国学校对这个问题的回答可谓非常艰难。“新教育”和“传统教育”理念上的冲突，中学和大学在发展目标上的分野，不同中学在课程开设上的各不相同，造成这个时间段内“五花八门”的课程设置问题，为课程开展大规模的客观性测试制造了巨大的难度。19 世纪末期，美国教育协会以出台报告的方式，提出了对美国中学课程设置的标准化构想和课程考核的办法，一定程度上解决了美国课程标准化的问题。美国学校课程的测量起源于对“中学和大学”衔接课程改革的探索。

---

① See Leonard P. Ayres, "History and Present Status of Educational Measurement," in *Seventeenth Yearbook of the National Society for the Study of Education*, ed. National Society for the Study of Education (Bloomington Illinois: Public School Publishing Company, 1918), pp. 9-15.

19 世纪八九十年代，被称为“中学和大学之间的战争”时期。[①] 围绕中学和大学之间的衔接问题，美国教育协会先后成立了若干个专业委员会，讨论中学课程如何设置，确保学生学习到最有价值的知识，保证美国大学从各州招收到的学生具有相似的学习能力。以美国教育协会为代表的教育专家认为，“中学和大学之间的衔接”问题是实现课程标准化的突破口。《十人委员会报告》确定了中学课程设置可以参考的标准，《大学入学要求委员会报告》在《十人委员会报告》的基础上提出了学习时间、单元，用来衡量课程学习的成果。这两个报告使得全美范围内课程的标准化成为可能。1901 年，美国开展了历史上首次全美范围内的标准化入学考试。

第一节 心智训练思潮与课程改革

一、心智训练学说的衰落

19 世纪中后期，伴随着美国工业化的完成，学校和工业之间的联系日益紧密，工业化的完成对学校人才培养也提出了巨大的挑战，希望学校能够培养适应劳动力市场需求的劳动者。19 世纪末期是美国新一轮移民进入的高潮，移民的孩子大多进入美国公立中学。19 世纪中后期，美国公立高中的数量迅速增长。1869—1889 年，公立高中的数量从 40 所增加到 800 所。进入公立高中的学生大部分不会进入大学学习，而是直接进入就业市场。这部分学生希望在高中学习的知识能够为未来的就业和生活做准备，因此，美国高中不得不考虑这部分学生

① See Edgar B. Wesley, *NEA : The First Hundred Years* (New York: Harper & Row, 1957), p. 67.

对学校课程提出的新要求。“什么知识最有价值”成为美国高中课程设置不得不回答的问题。

19世纪中后期，“新教育”兴起，“新教育”和“传统教育”的理念在学校中交锋。“传统教育”认为，学习的首要任务是培养学生的思维能力，而学习内容本身并不重要；但是“新教育”的观点认为，学习生活只是学生广泛的社会生活中的一个阶段，学生在学校中“学习什么”才是最重要的，学习的内容要最大限度地和未来的生活相关联，为未来生活做准备。

“新教育”和“传统教育”依赖的心理学基础不同。前者是以心智训练说为基础，后者以实验心理学为基础。在19世纪末期，恰逢官能心理学式微、实验心理学逐渐兴起的时代。最能够体现这个时代两种心理学思想的交锋，以及其在教育学领域中的应用的载体就是美国教育协会发表的两份报告：《十人委员会报告》和《大学入学要求委员会报告》。

心智训练，也叫作形式训练说，是以官能心理学为基础的一种心理学流派。心智训练学说认为，学校的主要注意力应当用于发展学生的能力，发展学生的思维、抽象和记忆能力，而不是用于获得大量的知识。人们认为最宝贵的并不是科学的基础知识，而是学习科学对改善学生理智能力所发生的那种发展性影响。发展儿童理智的最重要的材料是语言（尤其是拉丁语和希腊语）和数学；人们捍卫教育上的所谓古典主义倾向。教师的主要作用，是借助以发展学生思维能力为目的的专门练习来训练学生，至于练习的内容似乎完全不重要。

对心智训练最有力的辩护是发表于1828年的《耶鲁报告》（*Yale Faculty*），该报告由当时的耶鲁大学校长起草，是在自然科学和各种实践性学科开始出现的时候，为了给传统的人文观点辩护而写作的一份报告。该报告认为教育有两个功能：训练和培养心智，也就是说，增强思维的能力和用知识来填充思维。前者就是今天所说的“发展思维的能力”，后者是“学习知识和技能”。[①] 这种知识观在今天看来仍然具有一定的价值。

耶鲁大学的校长杰雷迈亚·等（Jeremiah Day）和教授詹姆斯·金斯利（James K. Kingsley）认为，发挥教育的功能只有通过反复学习希腊语、拉丁语、数学和文学这四门课程来实现。这两位教授都是传统的人文教育的坚定捍卫者，他们认为这四门课程的价值是被证明有效的，而新兴的学科则没有被证明是否对训练思维是有效的。[②] 整个 19 世纪的美国课程都是在履行《耶鲁报告》的要求，以希腊语、拉丁语、数学和文学为主要的学科，而且教师在学校中做的事情就是反复强化这几门课程。

传统的形式训练者认为，美国高中最重要的职能是完善学生的心智，而不是为未来的生活做准备。美国民主生活的原则要求美国高中必须是一个弘扬民主的地方，这就意味着每个孩子都必须受到相同的教育。“很多学生在进入高中的时候并不知道未来会继续学业还是直接工作，因此，在高中学习大学的知识或者学习工作中用到的知识都是不合适的。”[③] 如果在一进入高中的时候就对儿童进行不同的培训，那么就会压抑儿童原本具备的可能性。无论未来怎样选择，“心智训练”是作为一个社会人所必需的。作为一个社会人，不仅需要工作和劳动的技能，更需要用人类已经积累了几千年的知识来去掉身上的“顽劣”习性，成为一个文明的社会人。

---

① See Herbert M. Kliebard, *The Struggle for the American Curriculum, 1893-1958 (third edition)* (New York and London: Routledge Falmer, 2004), p. 5.

② See Herbert M. Kliebard, *The Struggle for the American Curriculum, 1893-1958 (third edition)* (New York and London: Routledge Falmer, 2004), p. 5.

③ Committee on Secondary Education, "Uniformity in Requirements for Admission to College," in *Journal of Proceedings and Addresses of the National Educational Association: Session of the Year 1907*, ed. National Educational Association (Chicago: The University of Chicago, 1907), p. 307.

心智训练学说认为，能够把学生从一个野蛮人训练成一个文明的社会人的知识最有价值。《耶鲁报告》认为，心智和肌肉相似，需要通过不断地训练来增强心智的功能，训练的过程是不断地强化和反复。但是到了19世纪末期，"相似"这个说法已经荡然无存。一线教师和教育工作者认为，心智"等同于"肌肉，必须通过反复的、严格的、枯燥的训练才能提高。[①] 这种反复强化已经发展到一种僵化的程度。这种学校中僵化的训练，使得学校成为一个枯燥乏味的地方，孩子们感到厌倦甚至是厌恶。例如，1913年，一个工厂督导艾伦·托德访问了500个孩子是愿意去上学还是待在工厂里，其中有412个孩子回答愿意待在工厂里。这些孩子的选择并非是出于经济上的考虑，而是因为他们在学校有单调的、侮辱性的，甚至残酷的经历。从某种意义上说，19世纪末期的学校把孩子逼到了血汗工厂中。[②]

最早对心智训练及其课程理念有所突破的是高中教育相对发达的新英格兰地区。19世纪80年代前后，新英格兰已经在大小会议上有了对各个学科的讨论。例如，1880年讨论了英语课程，1881年讨论了传统科目和数学课程。1885年，新英格兰地区大学和预备学校协会（The New England Association of Colleges and Preparatory Schools）成立，试图以本地区大学的入学标准为抓手，来整合高中的课程，实现高中课程的标准化，并促进大学中的自主学习。1889年，在该协会的讨论中，新英格兰地区的老师们讨论了一个英语的"共同课程"（common courses），其中涉及莎士比亚、弥尔顿等人的作品。1895年，在一个会议上，通过了英语学科的大学入学要求，并且将这个学科要求分布在4

① See Herbert M. Kliebard, *The Struggle for the American Curriculum*, *1893-1958 (third edition)* (New York and London: Routledge Falmer, 2004), p. 5.

② See Herbert M. Kliebard, *The Struggle for the American Curriculum*, *1893-1958 (third edition)* (New York and London: Routledge Falmer, 2004), p. 5.

年的学习中，这种学习周期安排在之后的 100 年时间内都在使用。①

新英格兰地区这种尝试逐渐从州层面向全国层面发展。在美国教育协会上，与中学教育相关的问题都在被讨论，其中最重要的是和中学教育相关的统一性问题。“参与 1891 年和 1892 年的美国教育协会教育理事会讨论的人都会明显感受到，‘统一’是中等教育有关的讨论中特别重要的词汇，而且最重要的是大学入学标准的统一。”②

二、心智训练学说的衰落在教育领域的体现

伴随着中等教育职能分化为进入大学和进入就业市场的学生做两种职能准备，美国大学的定位也要做出相应的调整。从美国高等教育的发展史来看，19 世纪中后期，美国大学进入了分化和转型的时期，研究型大学异军突起，强调了美国大学研究的职能，也为有着 200 多年发展历程的学院（college）③ 传统带来了冲击和挑战。19 世纪末期，美国最突出的课程问题是中学和大学的衔接问题。

对于“美国学院该如何发展”这个问题，有两派具有代表性的观点。以明尼苏达大学（University of Minnesota）的校长威廉·沃茨·弗韦尔（William Watts Folwell），以及康奈尔大学校长查尔斯·亚当斯（Charles K. Adams）为代表的观点认为，美国应该向德国大学学习，秉持“研究型大学”的理念，把专业课的学习建立在通识教育的基础上，采用讨论课和实验室教学的方法，培养研究型人才。在这样

---

① See Michael P. Riccards, *The College Board and American Higher Education* (Madison: Teaneck Fairleigh Dickinson University Press, 2010), p. 24.

② J. M. Taylor, "The Report of the Committee of Ten," *The School Review* 2, No. 4 (1894): 193.

③ 在英文翻译中，college 和 university 都可以翻译为大学。在本章中，为了表达二者对应英文释义的不同，学院特指 college，大学特指 university。

的大学理念之下，美国传统上的学院教育应该被压缩为 2 年之内，并且提供通识教育；大部分经过学院教育的毕业生要进入大学深造，进行文学或哲学的研究，至少学习 3 年。这样美国社会就会有更多的掌握专业知识的研究生和博士生，这是高等教育的杰出成果。在这样的学校教育体制下，高中训练学生“心智能力”的职能被学院取代了。从保证高等教育质量的角度来看，是否要统一全美的高中教学标准并不重要，因为学院 2 年的学习足以保证进入大学的学生具备进一步研究所需要的基本知识储备。①

以哈佛大学校长埃利奥特、约翰·霍普金斯大学校长丹尼尔·科伊特·吉尔曼（Daniel Coit Gilman）为代表的另一派观点认为，用学院来代替高中的职能降低了美国大学的教育质量，也拉低了美国民众的素质。因为大部分的高中毕业生并不会进入学院继续学习，学院的毕业生进入大学学习的也就更少了。美国的学院发展已经有 200 多年的历史，改革不应该抛弃美国学院的历史。埃利奥特等人认为，学院作为中等教育和更高一级的专业教育之间的桥梁，要提高自身的教育质量。课程内容不仅要涵盖数学、自然科学、现代语言等科学课程，还要包括人文学科和抽象的哲学。同时，埃利奥特等人还认为，应该缩短中等教育的年限，让学生更早地进入学院学习；学院的学习时间也要控制在 3 年之内，为进一步的“研究生学习”（Graduate Courses）打下基础。吉尔曼虽然也认同要让学生尽早地进入学院学习，缩短中等教育的年限，但是他并不赞成把学院的学制从 4 年缩短到 3 年，他认为

---

① See Committee on Secondary Education, "Uniformity in Requirements for Admission to College," in *Journal of Proceedings and Addresses of the National Educational Association: Session of the Year 1907*, ed. National Educational Association (Chicago: The University of Chicago, 1907), pp. 308-309.

本科学历是进行研究生学习、博士阶段学习的前提和基础。①

19 世纪 90 年代，以上两种高等教育理念同时存在，高等教育的各种名称让人眼花缭乱，学院、大学、专业学校等高等教育机构各自秉承着自己的理念发展。有些以“学院”命名，提供的是“大学”的教育，有些以“大学”命名，提供的却是“学院”的通识教育。安德鲁·怀特说：“很显然，现在所谓的美国大学系统就是本该成为学院和大学的各种研究机构鱼龙混杂在一起。”② 五花八门的大学教育内容表现为拿到每个大学学位所需要的时间各不相同。以伊利诺伊州为例，从文法学校毕业之后，拿到学士学位的年限为 5—7 年不等。③ 因此，有必要建立一种制度，以大学入学考试为抓手，将高中和大学建立一个共同标准，让大学教育有个很好的起点。

美国学院如何发展的问题，本质上是要明确将“心智训练”能力的培养放在中学还是放在大学的问题。一方面，如果中学的主要职责是培养学生的心智能力，那么如何满足一部分并不打算升入大学的学生对课程的要求？如何回应工业化时代日益蓬勃发展的制造业对劳动力素质的要求？另一方面，如果把心智训练的培养放在大学，那么中学应该设置怎样的课程来满足大学入学的标准？围绕这个问题，美国

① See Committee on Secondary Education, "Uniformity in Requirements for Admission to College," in *Journal of Proceedings and Addresses of the National Educational Association: Session of the Year 1907*, ed. National Educational Association (Chicago: The University of Chicago, 1907), pp. 308-309.

② Committee on Secondary Education, "Uniformity in Requirements for Admission to College," in *Journal of Proceedings and Addresses of the National Educational Association: Session of the Year 1907*, ed. National Educational Association (Chicago: The University of Chicago, 1907), p. 307.

③ See Committee on Secondary Education, "Uniformity in Requirements for Admission to College," in *Journal of Proceedings and Addresses of the National Educational Association: Session of the Year 1907*, ed. National Educational Association (Chicago: The University of Chicago, 1907), p. 307.

的中学和大学进入了一段“战争”时期。19世纪中后期，美国的高中和大学教师各有各的理，围绕中等教育的功能、学校和社会的作用等问题，以“中学和大学之间的关系”为焦点，展开了激烈的争论。难怪埃德加·布鲁斯·韦斯利把十人委员会任命之前的那一段时间比作是中学与大学之间的战争期。①

第二节 课程测量的起点：《十人委员会报告》

19世纪末期，实验心理学的兴起和普及使得学界认识并接受了“人类行为可以测量”这一观点，个体差异量表等工具的出现也为客观性测试的开发做好了技术上的准备。教育领域中“中学和大学之间的战争”呼唤一种客观性测试，能够为中等教育的改革指明方向，保证大学从各州招收的学生可以具有同等的学习能力。在这样的背景下，美国教育协会成立了一个委员会，推动中学和大学的衔接问题。

一、《十人委员会报告》的出台

1887年，辛辛那提休斯中学校长伊莱艾伯·沃什伯恩·克伊代表中等教育委员会（The Committee on Secondary Education）向全国教育理事会（The National Council of Education，美国教育协会的专家委员会）会议提交了《中学与大学的关系》的报告，其中讨论了中学教

① See Edgar B. Wesley, *NEA: The First Hundred Years* (New York: Harper & Row, 1957), p. 67.

育的目的，并强调建立中学与大学的紧密联系。① 这个报告直接启发了丹佛中学校长詹姆斯·贝克（James H. Baker）。在 7 月 11 日的会议上，贝克向全国教育理事会提出了一项动议，建议成立一个委员会，对中学教学科目的选择和顺序，以及大学入学要求的统一问题进行彻底调查。1888 年 2 月 16 日，在美国教育协会的督学部（Department of Superintendence）——与全国教育理事会共同构成了美国教育协会推进中等教育改革的神经中枢②——举办的会议上，哈佛大学校长埃利奥特做了《学校课程能够缩短并丰富吗》的演讲，呼吁取消算术等无用的课程，改进教学方法，以便学生能在 18 岁进入大学。③ 鉴于埃利奥特在全美教育界的巨大影响，他的演讲引起了社会各界对中学课程改革及中学和大学关系问题的广泛关注，有力推进了十人委员会的组建。而埃利奥特之所以出任该委员会主席，与他的演讲不无关系。

从 1888 年开始，贝克担任全国教育理事会下设的中等教育委员会主席。由于经费短缺等原因，该委员会未能有效地开展相关工作，直到 1891 年的多伦多会议才向全国教育理事会提交工作报告。在报告中，中等教育委员会建议举行一次由 12 所具有代表性的大学和 12 所中学参加的会议，探讨中学和大学的关系问题。这个建议得到全国教育理事会的批准。随后，贝克陆续向一些大学和中学发出信函，邀请其派代

---

① See Committee on Secondary Education, "The Relation of High School to College," in *Journal of Proceedings and Addresses of the National Educational Association: Session of the Year 1887*, ed. National Educational Association (Salem Mass.: Orserver Book and Job Print, 1888), pp. 282-283.

② See Edward A. Krug, *The Shaping of the American High School, 1880-1920* (Madison: The University of Wisconsin Press, 1972), p. 27.

③ See Charles W. Eliot, "Can School Programmes Be Shortened and Enriched?," in *Journal of Proceedings and Addresses of the National Educational Association: Session of the Year 1888*, ed. National Educational Association (Topeka: Kansas Publishing House, 1888), pp. 101-102.

表出席1892年7月召开的美国教育协会大会。

1892年7月7日，美国教育协会大会在纽约萨拉托加如期举行。会议期间，大学与中学校际会议委员会主席、哥伦比亚大学教授巴特勒向全国教育理事会提交了一份报告，建议举行一次由大学教师和中学教师参加的会议，并任命一个执行委员会在1892—1893学年筹备这次会议。[①] 在1892年7月9日的会议上，全国教育理事会接受了巴特勒的建议，决定成立一个由十人组成的执行委员会，具体负责会议的筹备和组织。此外，该委员会向美国教育协会建议拨款2500美元以开展这项工作。7月12日，美国教育协会董事会表决通过这项提议。

根据全国教育理事会的决定，十人委员会的主要职责是组织召开由中学和大学教师参加的关于中学各主要学科的研讨会，以探讨学科的恰当界限、最佳的教学方法、最适宜的时间分配及测试学生成绩的最佳方式等。委员会由埃利奥特任主席，其他9位成员包括美国教育专员威廉·哈里斯、密歇根大学校长詹姆斯·安吉尔（James B. Angell）、波士顿女子中学和女子拉丁学校校长约翰·泰特洛（John Tetlow）、瓦萨学院校长詹姆斯·泰勒、奥尔巴尼中学校长奥斯卡·罗宾逊（Oscar D. Robinson）、科罗拉多大学校长詹姆斯·贝克、密苏里大学校长理查德·杰西（Richard H. Jesse）、劳伦斯维尔学校校长詹姆斯·麦肯齐（James C. Mackenzie）和奥伯林学院教授亨利·金（Henry C. King）。10名成员中，有大学校长5人，大学教授1人（以后也成为大学校长），教育专员1人，中学校长3人（其中1人来自私立中学，2人代表公立中学）。从人员构成可以看到，十人委员会的主要成员为大学管理人员和学者，这就注定了十人委员会的工作将主要反映大学的要求和利益。

---

① See National Educational Association, *Journal of Proceedings and Addresses of the National Educational Association: Session of the Year 1892* (New York: National Education Association, 1893), p. 754.

1892年11月9日至11日，十人委员会在哥伦比亚大学召开筹备会议，会议对美国不同地区40所顶尖中学的教学科目进行讨论，在此基础上，决定召开9门学科的研讨会，这9门学科包括拉丁语、希腊语、英语、其他现代语言、数学、物理、自然史、历史（包括公民政治和政治经济学）、地理（包括自然地理、地质学和测量学）。这9门学科研讨会的机制实际上意味着在十人委员会下面成立了9个分委员会。为使学科研讨会保持方向的一致性，十人委员会提出了研讨会应讨论的主要问题。

第一，在6—18岁学生的学校课程中，每个学科的教学应当从几岁开始？

第二，该科目的教学开始后，应教授多少年？在这些年中，每周应分配多少个小时？

第三，在中学阶段，应该教多少年？每周教多少个小时？

第四，在整个课程中，应当教授什么主题或部分？

第五，在中学阶段应讲授什么主题或部分？

第六，该科目应当以什么形式、在什么程度上被纳入大学的入学考试科目？

第七，对将升入大学或进入科学学校或假定二者都不去的学生，在该科目上是否应该区别对待？

第八，如果要进行区别对待，应从几岁开始？

第九，该科目的最佳教学方法是什么？

第十，在大学入学考试中，该科目的最佳测试方式是什么？

第十一，如果大学或学院允许将入学考试分为初步测试和最终测试，并至少隔开一年，那么，如何区分二者的界限？[①]

---

① See National Educational Association, *Report of the Committee of Ten on Secondary School Studies* (Knoxville: American Book Company, 1894), p. 6.

哥伦比亚大学会议召开后，十人委员会花费数周时间遴选各分委员会的成员。到1892年12月，基本上完成了遴选工作。每个分委员会均由10人组成，总计90人参加了十人委员会组织开展的研讨活动。

按照托马斯·布里格斯（Thomas H. Briggs）的分析，在这90人中，仅有1位女性，在中学任职的有42人（其中17人代表公立中学），47人在大学任职，还有1名成员为曾在大学任职的政府官员。在大学任职的成员中，有12人在当时或不久之后担任大学校长，包括普林斯顿大学校长伍德罗·威尔逊（Woodrow Wilson，University of Princeton）、加州大学伯克利分校校长本杰明·惠勒（Benjamin I. Wheeler，University of California Berkeley）、威斯康星大学麦迪逊分校校长查尔斯·亚当斯（Charles K. Adams，University of Wisconsin-Madison）等；至少有12人为著名学者，如著名历史学家詹姆斯·鲁宾逊（James H. Robinson）、“美国地理学之父”威廉·戴维斯（William M. Davis）、著名文学史家乔治·基特里奇（George L. Kittredge）、著名地质学家托马斯·张伯伦（Thomas C. Chamberlin）等。从地域分布看，这90人来自27个州，但主要来自东部各州，仅马萨诸塞州就有17名成员。[①] 在9个分委员会的主席中，6人任职于大学，3人任职于中学；在9名分委员会秘书中，2人来自大学，7人任职于中学。

1892年12月28日，9个分委员会分别在密歇根大学、瓦萨学院、华盛顿特区、哈佛大学、芝加哥大学、威斯康星大学麦迪逊分校等地召开会议。随后，各分委员会分头起草报告。次年4月1日前，有7个分委员会按要求如期完成了报告。1893年7月27日至29日，各分委员会再次举行会议，就报告的修改问题进行讨论，并基本达成一致意见。1893年11月8日至11日，十人委员会在哥伦比亚大学再次举行

---

① See Thomas H. Briggs, "The Committee of Ten," *Junior-Senior High School Clearing House* 3, No. 6(1931): 135.

会议，讨论各分委员会的报告，报告经过三轮修改后形成定稿，十人委员会向 1893 年 12 月召开的美国教育协会大会提交了报告。至此，十人委员会完成了使命，随即解散。

二、《十人委员会报告》的主要内容

《十人委员会报告》所涉及的内容非常广泛，包括中学的性质、中学教育的宗旨、中学课程设置方案、中小学学制及中学与大学的关系。这些问题都是 19 世纪 90 年代美国中学（特别是公立中学）所面临的关键问题。《十人委员会报告》主要包括总报告和分报告两个部分，第一部分是总报告，总报告先后叙述了十人委员会成立的经过、十人委员会和各分委员会开展工作的主要过程，介绍了各分委员会就不同课程设置和教学提出的建议，在此基础上，十人委员会又就中学的课程设置、教学时间和安排提出了一系列建议；第二部分则包括 14 个分报告，除 9 个分委员会提交的报告外，还附有相关专题研究报告和少数意见报告（minority report）。

《十人委员会报告》首先明确了各个课程分委员会对不同课程需要学习的时间长度和需要学生从哪个年龄段开始学习。十人委员会在汇总各个课程所需要学习的时间的基础上，从学科之间的联系和时间分配的角度出发，提出了四种高中课程方案。

十人委员会提出的四种方案涉及的课程名目基本类似，其区别在于外语的种类、课程的时间分配和难度，以及其在四年中出现的时间三个方面。根据现代语言所占的份额不同，高中课程的四种方案是：传统经典课程（The Traditional Classical Courses）——拉丁语、数学份额较大，希腊语份额较小；拉丁语-科学课程（The Latin-Scientific Courses）——去除希腊语和一门现代语言，重点是科学课程；现代语课程（The Course in Modern Languages）——法语和德语取代了希腊语和拉丁语，其他的课程与拉丁语-科学课程一样；英语课程（The English Course）——只有一门语言，现代语言或者希腊语、拉丁语，重点在英语、历史和自然科学。任何一名高中学生可以自由选择学习四种方案中的任意一种，只要包含英语、数学、历史、科学、现代语言即可。这四种方案可以同时在一所中学实施，因为某些科目同时存在于三种以上的方案中，而且每周都有相同课时。大学录取也要建立在这四种课程方案的基础上。

三、对《十人委员会报告》的评价

《十人委员会报告》对“什么知识最有价值”这个问题做出了回答。虽然从数量上看，只有很小一部分中学毕业生能够进入大学，而且这部分人对美国的国家利益很有用，但美国的中学仍然是“为学生的生活做准备”。所以，美国中学需要为高中之后进入就业市场的学生做准备，有必要将科学课程、现代语课程等和工作直接相关的课程作为高中课程的一部分。《十人委员会报告》对高中课程做出的这一规定，回应了 19 世纪末期工业化、移民化浪潮对美国高中提出的挑战。

《十人委员会报告》一方面体现了传统心智训练观念，一方面对心智训练观念的内容做出修正。《十人委员会报告》对“中学和大学的战争”争论的焦点问题做出了回答：培养学生心智能力的任务应该放在高中，而不是大学。该报告认为高中是培养学生心智能力的阶段，并且高中也应该承担起培养学生心智能力的任务。中学是一个培养学生的观察能力、记忆能力、表达能力、推理能力等心智能力的地方，提供的是自由教育，不管学生毕业后从事什么工作，都要具备这些能力。从这个意义上讲，该报告仍然体现了传统的心智训练的观念。

另一方面，该报告对心智训练学说进行了重要修正。报告认为，任何科目，只要被学习过一段时间，都具备心智训练的功能。任何一个年轻人参加四年高强度的、有效果的心智训练，学习这个项目中的任何一个科目都是一样的。中学中并不区分“为职业做准备的课程”和“为进一步读大学的课程”。因此，之前被认为并没有心智训练价值的英语、德语等现代课程获得了和希腊语、拉丁语同等重要的地位，这就挑战了在《耶鲁报告》中认为只有希腊语等四门课程才具备心智训练的功能的说法，打通了英语、植物学等现代课程进入中学课程的壁垒。

《十人委员会报告》之所以把现代课程和希腊语等传统课程放在同等重要的位置，是因为该报告引入了时间这个变量。《十人委员会报告》指出，只有当每门课程都上足了一定量的时间的时候，才会对学生的心智训练有作用。学生选择的任何一门课程都应该在严肃性、价值和效果方面差不多。《十人委员会报告》指出：“每个委员会所推荐的课程都被充分证明是能够训练学生的观察、表达和推理能力的严肃的课程。”① 十人委员会给所有课程相似的时间分配，通过时间分配的多少来达到心智训练的功能。换句话说，之前传统课程和现代课程争论的焦点是课程的内容，而该报告通过“课程时间分配”的概念统一了这种争论，认为只要有同样的学习时间，就能够达到同等的心智训练的功能。

《十人委员会报告》提出了“课程是可以测量的”这一观念。这一观念的提出具有划时代的意义。实验心理学诞生的前提是学界普遍接受个体差异且这种差异能够被测量，只有当人和人之间不同的时候，测量个体差异才有存在的必要，实验心理学才得以成为一门科学而不是“伪科学”。在教育领域中，只有当对课程价值的认定统一在“教学时间”这个可以数字化的单位上，才有可能将不同内容的课程引入学校教育体系中，超越形式训练学说所认为的“只有希腊语等课程才具有价值”的课程假设。不可否认，伴随工业化、信息化的发展，知识

---

① National Educational Association, *Report of the Committee of Ten on Secondary School Studies* (Knoxville: American Book Company, 1894), p. 43.

生产的周期极大缩短，学生在就业市场上需要的知识更新速度加快，这就需要学校为学生做好适应就业市场的准备。如果学校仍然秉承“传统课程中几百年都不需要变化的希腊语等课程”，那么将无法实现学校和社会的接轨，而学校制度终将成为被时代变化所抛弃的一种制度存在。

四、对《十人委员会报告》的批评

《十人委员会报告》提出了一个全美适用的课程计划。但是，在操作层面上，很少有大学和高中能够真正按照报告所规定的四种课程方案进行改革。① 因为高中并没有能力开设足够的课程。例如，很多学校并没有法语、德语的教师。当高中无法按照报告所规定的方式来开设课程的时候，大学也无能为力。伊利诺伊大学教育学院（School of Education at the University of Illinois）的主任艾文·德克斯特（Edwin Dexter）在1906年总结道：“《十人委员会报告》并没有对公立高中的课程产生什么影响。”② 因此，《十人委员会报告》更多的是在教育圈子中对这个问题进行关注，并且引发更深层次的讨论，这种讨论反映了改革高中和大学的一种趋势，但是在实践层面上，并没有促使美国高中按照报告要求的课程进行改革，也没有推动美国学校的标准化过程。③

《十人委员会报告》将英语、德语等现代语言放在与希腊语同等重

---

① See Dexter E. Gordan, “Ten Years' Influence of the Report of the Committee of Ten,” *The School Review* 4, No. 14(1906): 254-269.

② Dexter E. Gordan, “Ten Years' Influence of the Report of the Committee of Ten,” *The School Review* 4, No. 14(1906): 269.

③ See Jurgen Herbst, *The Once and Future School: Three Hundred and Fifty Years of American Secondary Education* (London: Psychology Press, 1997), pp. 112-113.

要的地位，引起了传统课程捍卫者的不满。在中学教育较为发达的新英格兰地区，计划受到了以哈佛大学希腊语系教授为首的新英格兰地区希腊语教师的坚决抵制。为了能顺利推进这一报告的实行，新英格兰地区大学和预备学校协会主席约翰·塔勒（John Tetlow）博士试图说服新英格兰地区大学和预备学校协会组织成员接纳《十人委员会报告》，他承诺将为把《十人委员会报告》课程计划作为学校授课基础的高中提供一定的经济资助。

虽然十人委员会强调其报告同时考虑了升入大学和进入职业市场两类学生的发展，但是批评者却认为，该报告忽视了中学为学生参加社会生活做准备的职能。十人委员会的报告“并没有认真考虑社会的变化和学校学生的变化，把学校引回到为升大学做准备的老路，把中学引向了倒退”①。实际上，“在委员会看来是面向普通教育所有学生的学术课程在后来的改革者看来是只适应能够升入大学的那部分中学生而已”②。

第三节 用教学时间实现课程测量的等值：《大学入学要求委员会报告》

《十人委员会报告》提出了“课程是可以测量的”这一划时代的观念，用教学时间这个概念实现了自然科学、现代语等课程与希腊语、拉丁语等古典课程具有同等的价值。但是，《十人委员会报告》并没有进一步区分不同课程的规模、细化测量教学时间的单位，这些问题在美国教育协会的另一份报告中做出了进一步回答。

---

① 袁振国主编《对峙与融合——20 世纪的教育改革》，山东教育出版社，1996，第 144 页。

② Herbert M. Kliebard, *The Struggle for the American Curriculum , 1893-1958 (third edition)*（New York and London：Routledge Falmer，2004），p. 13.

一、《大学入学要求委员会报告》出台

由于“十人委员会”是美国教育协会中一个非常设机构，是在得到美国教育协会的资助后，调查美国高中和大学中的课程问题的一个临时委员会。《十人委员会报告》出台之后，十人委员会的责任也已经正式履行结束。但是，十人委员会所提出的问题还没有真正解决。“尽管十人委员会推动美国中等教育向着更加标准的、全国层面的课程发展，但是它丝毫没有处理好大学和高中的关系——大学入学考试。”①

“埃利奥特早在1885年的时候，就建议成立一个考试委员会，来使大学入学考试标准化。……十人委员会的主要宣传者、哥伦比亚大学教授、《教育评论》编辑尼古拉斯·默里·巴特勒先生，采用了埃利奥特的建议。在1893年，巴特勒向哥伦比亚大学的教师提出这个建议的时候，这个建议被搁置了；到了1896年，这个建议被全票通过。”②

1896年，在水牛城举行的美国教育协会上，中等教育委员会委员、芝加哥高中督学南丁格尔（A. F. Nightingale）向大会做了汇报：“十人委员会的报告像一个酵母，将中等教育和高等教育的衔接问题摆在了所有人面前，大家相信，这个问题需要进一步的研究，之前开展的调查应该继续，并且扩大范围。”③ 南丁格尔提议由美国教育协会的高等教育部（Departments of Higher Education）和中等教育部（Department of Secondary Education）联合推选出一个委员会，来共同

① Schudson Michael, "Organizing the 'Meritocracy': A History of the College Entrance Examination Board," *Havard Educational Review* 42, No. 1(1972): 43.

② Schudson Michael, "Organizing the 'Meritocracy': A History of the College Entrance Examination Board," *Havard Educational Review* 42, No. 1(1972): 43.

③ A. F. Nightingale, "The Committee on College Entrance Requirements: Report of the Chairman," *The School Review* 6, No. 5(1897): 321.

商讨大学入学问题（college entrance requirements），这个委员会就是大学入学要求委员会。该委员会由 10 人组成，其中 5 人代表高等教育，5 人代表中等教育。①

代表高等教育的委员有哥伦比亚大学的巴特勒、密歇根大学的海德（B. A. Hinsdale）、科罗拉多大学的詹姆斯·罗塞尔（James E. Russell）、哈佛大学的保罗·汉纳斯（Paul Hanus）、加州大学的琼斯（W. C. Jones），代表中等教育的委员有摩根公园学校的查尔斯·特步（Charles H. Thurber）、纽约男子经典高中的约翰·布持（John T. Buchanan）、沃纳特山高中的毕晓普（J. R. Bishop）、丹佛高中的威廉·斯勒（William H. Smiley）、芝加哥高中督学南丁格尔。这其中，南丁格尔被埃利奥特任命为大学入学要求委员会的主席。

大学入学要求委员会旨在“平衡中等学校和学院之间的关系，使得中学能够行使作为‘人民的学校’的职责，与此同时，给愿意继续读书的学生做好进入学院和技术学校的准备”②。

新成立的大学入学要求委员会继承了十人委员会的组织方式。埃利奥特于 1894 年 10 月在《教育评论》上发表了一篇名为《教育改革的统一》（“The Unity of Educational Reform”）的文章，其中指出：“如果让我说《十人委员会报告》对美国教育进步的影响，我会认为是这种工作方式：调查的方法和学科讨论的方法，来自不同类型（公立、私立、捐赠的）大学的、中学的教师和专家参与到调查和讨论中。这种方法使得报告代表了每个年级的意见。”③ 大学入学要求委员会的成

---

① See A. F. Nightingale, “The Committee on College Entrance Requirements: Report of the Chairman,” *The School Review* 6, No. 5(1897): 322.

② National Education Association, *Journal of Proceedings and Addresses of the National Educational Association: Session of the Year 1899* (Chicago: The University of Chicago Press, 1900), p. 5.

③ Eliot Charles William, *Educational Reform: Essays and Addresses* (New York: The Century Co., 1901), p. 337.

员包括来自大学、高中的教师和专家，委员会通过研讨会的方式来明确和讨论高中和大学的衔接问题。与十人委员会不同的是，大学入学要求委员会并没有邀请学科专家按照学科分类分组讨论，而是由大学入学要求委员会的成员主动和美国教育协会之外的其他协会开展讨论，这些协会包括美国历史协会（American Historical Association）、现代语言协会（Modern Language Association）、美国数学协会（American Mathematical Association）。大学入学要求委员会通过和这些教育之外的专业协会进行讨论，来确立中学教育的标准和大学入学要求。①

二、《大学入学要求委员会报告》中对教学时间的测量

《大学入学要求委员会报告》首先明确了建立大学和中学和谐关系的必要性，这一点与十人委员会的精神是一脉相承的。《大学入学要求委员会报告》指出，因为教育的最终目的是促进学生能力的发展，从幼儿园到大学，在促进学生"能力发展"这个问题上目的是一致的。《大学入学要求委员会报告》指出："我们并不是支持中学实行选修制，我们只是说，中学的课程需要一定的弹性，而这种弹性是应该基于学生的心理原则和被大学所认可的基础上。这种适应，无论是在思想上还是行动上，在人的自然本性上还是精神上都没有固定的形式，因为教育的终极目标就是让个体有能力去适应和发展他的天性，每个学生

① See Committee on College Entrance Requirements, "Report of the Committee on College Entrance Requirements," in *Journal of Proceedings and Addresses of the National Educational Association: Session of the Year 1899*, ed. National Education Association(Chicago: The University of Chicago Press, 1900), pp. 10-11.

都应该在大学中获得这种能力。”[①] 这种对教育的一致性的认可是中学和大学的和谐关系的基础。

《大学入学要求委员会报告》明确指出，对学生成绩的衡量是学生在学习中花费的时间，而不是学生学习所达到的成就。这一点，也是对《十人委员会报告》中提到的“每个学期、每个星期、每个小时在一门课程上投入的时间”的理念的继承和发展。在《大学入学要求委员会报告》发表之前，埃利奥特就已经准备在教育系统中逐渐引入“学分”的概念。在1897—1898年的报告中，埃利奥特指出，“1个学分”表示1周4—5次课这样半年的学习量，或者大学中的“半个课程”(half course)。在20个必须学习的“学分”中，显然，为了满足进入大学的需求，学生必须在高中把一门课程学习两年。1899年，《大学入学要求委员会报告》最终强调所有的高中、所有的大学的入学标准中“数量”的重要性，并建议“数量”用以下的比例计算：外语4个单元(不少于2个单元)，数学2个单元，英语2个单元，历史1个单元，科学1个单元。[②]

《大学入学要求委员会报告》将课程讨论的单元进一步缩小，从《十人委员会报告》中对“课程”的讨论，转化为对“学习时间”的讨论。在《大学入学要求委员会报告》中，详细区分了项目、课程和学习课程。项目包括学校中所有的课程；课程，是每个学生系统学习的所有知识之和；学习课程，是一门课程的学习时间、学习质量和学习

---

① Committee on College Entrance Requirements, "Report of the Committee on College Entrance Requirements," in *Journal of Proceedings and Addresses of the National Educational Association: Session of the Year 1899*, ed. National Education Association (Chicago: The University of Chicago Press, 1900), p. 7.

② See D. Gerhard, "The Emergence of the Credit System in American Education Considered as a Problem of Social and Intellectual History," *Bulletin of the American Association of University Professors* 41, No. 4 (1955): 657.

方法。[1] 在该报告中，讨论的课程都是第三层意义上的课程（即“学习课程”）。对课程的测量也就是对这门课程教学的质量，以及在教学中使用的时间、教学的方法进行衡量。《大学入学要求委员会报告》对课程问题的界定为课程的测量提供了明确的理论基础。

《大学入学要求委员会报告》还规定，在大学入学标准中，应该允许科目的替换。《十人委员会报告》虽然规定了四种课程方案，但是在现实中，由于师资的缺乏，导致众多的课程无法开设，仍然在一定程度上阻碍了学生的选择性。《大学入学要求委员会报告》指出，报告支持中学实行选课制。在规模较大的学校，可以开设所有的课程；但是规模较小的学校，无法开设那么多课程。报告建议，课程之间具有可替代性。[2] “在相关的入学标准中，没有绝对的、毫无弹性的大学入学标准”，“例如，大学在入学标准上要求现代语言，但是希腊语也可以替代现代语言；再比如，入学要求是古代历史，一个学生学习了中世纪史和现代历史，也可以等同于学习了古代历史”[3]。除了在入学标准上，该报告还对中学和大学之间课程的衔接做出了一定的规定，对一些特殊情况，学生在中学期间学习的课程可以作为大学课程：“学生如果对读大学的准备进行到了一半，或者三分之二，由于别的事情而终

---

① See Committee on College Entrance Requirements,“Report of the Committee on College Entrance Requirements,”in *Journal of Proceedings and Addresses of the National Educational Association : Session of the Year 1899*, ed. National Education Association(Chicago: The University of Chicago Press, 1900), pp. 43-45.

② See Committee on College Entrance Requirements,“Report of the Committee on College Entrance Requirements,”in *Journal of Proceedings and Addresses of the National Educational Association : Session of the Year 1899*, ed. National Education Association(Chicago: The University of Chicago Press, 1900), pp. 33-34.

③ Committee on College Entrance Requirements,“Report of the Committee on College Entrance Requirements,”in *Journal of Proceedings and Addresses of the National Educational Association : Session of the Year 1899*, ed. National Education Association(Chicago: The University of Chicago Press, 1900), p. 33.

止了，大学可以录取该学生，但是是有条件的。这需要这个学生在中学提供的一个附加课程（conditional class）中读书，要把没上的 1—2 门课程补上，同时在这个课程上获得的分数可以计入大学的学分制度里面。这既是对大学和中学互惠的事情，也防止了一些学生流失而无法上大学。"[①]

《大学入学要求委员会报告》最大的历史意义在于，它不仅提出要统一大学的入学标准，同时还提出大学的入学标准要用标准的、全国统一的"教学时间"来衡量。[②] 1899 年，大学入学要求委员会最终确定把定量测量作为主要的衡量标准。从这以后，这一套标准在全国范围内推广开来。

小　结

在《十人委员会报告》和《大学入学要求委员会报告》奠定的测量技术的基础上，大学入学要求委员会明确肯定了单元或准则的意义，指出使用单元或准则的计量课程的方法，可以使学分能够在整个美国地区等值，从而实现个体在全美地区自由、频繁流动。在埃利奥特等人的推动下，美国教育协会于 1901 年 6 月开展了首次全美大学入学统一考试，在美国设立六七十处考场，在欧洲设立两处考场，共测试了 237 所中学的 973 名考生。[③] 这次考试成为美国标准化考试的起点。

---

① Committee on College Entrance Requirements,"Report of the Committee on College Entrance Requirements,"in *Journal of Proceedings and Addresses of the National Educational Association : Session of the Year 1899*, ed. National Education Association(Chicago: The University of Chicago Press, 1900), pp. 33-34.

② See Schudson Michael,"Organizing the 'Meritocracy': A History of the College Entrance Examination Board,"*Harvard Educational Review* 42, No. 1(1972): 43-44.

③ 参见丹尼尔·J. 布尔斯廷《美国人：民主的历程》，谢延光译，上海译文出版社，2009，第 272 页。

第五章　学校管理的测量

19 世纪中后期，美国“统计社会”逐步形成并走向成熟，社会科学的各个领域都开展了将统计研究的方法应用到社会问题研究的尝试。从 1886 年开始，英国人查尔斯·布斯（Charles Booth）的名为《伦敦人民的生活和劳动》（*Life and Labor of the People in London*）的社会调查①被认为开创了用调查研究的方法解决社会问题的先河。拉塞尔·塞奇基金会的统计研究部主任埃尔斯曾说：“1911 年，哈佛大学的教授汉纳斯和耶鲁大学的教授孟路从社会调查领域引入全新的话语体系和研究方法。他们是这个领域的‘先锋’，但不是‘发明者’。”②

在公立学校领域中，最早使用“学校调查”这个说法的是 1840 年前后马萨诸塞州教育委员会秘书贺拉斯·曼和罗得岛州教育委员会秘书亨利·巴纳德。他们调查了新英格兰地区的公立学校，并且提出了

---

① See Carl C. Taylor, *The Social Survey: Its History and Methods*(Columbia: University of Missouri, 1919), p. 25.

② L. P. Ayres, "Efficiency of Schools and School Systems," in *Journal of Proceedings and Addresses of the Fifty-Third Annual Meeting and International Congress on Education Held at Oakland*, ed. National Educational Association(Chicago: The University of Chicago Press, 1915), p. 385.

批评的、建设性的意见。[1] 1897 年，芝加哥市长在给市议会的报告中指出，芝加哥公立学校的管理和督导系统并没有测量出公众慷慨的财政资助的使用情况，城市系统不断发展，教育委员会的压力逐渐增加，很有必要比较学校系统的教育产品和商业的产出，任命教育委员会为的是继续使用现在系统中好的部分，抛弃不好的部分，必要的时候使用新的方法。[2] 市议会批准了市长的请求。1898 年，由 11 个委员组成的委员会开始了工作。委员会前期的工作只是调查"效率"，只是想知道纳税人的钱是否得到合理的使用。然而，这些早期的学校调查的尝试并不被认为是 20 世纪早期学校调查运动的开端。

1910 年 11 月，爱达荷州博伊西市学校董事会和督学查尔斯·米克（Charles S. Meek）邀请时任印第安纳州波利斯市学校的督学加尔文·肯德尔（Calvin N. Kendall）对博伊西市的学校进行为期一周的调查，这被认为是 20 世纪早期美国学校调查运动真正意义上的开端。[3] 博伊西市的调查结果不仅呈报给教育委员会（Board of Education），还在当地报纸上全文刊登了。这件事情很有意义，博伊西市并不是落后的地方，之所以开始调查是为了更好地适应未来的需求，而不仅仅是解决学校财政等问题。

1910 年之后的学校调查运动是一个专属概念。霍利斯·卡斯维尔的

---

① See Charles H. Judd,"Contributions of School Surveys,"in *Thirty-Seventh Yearbook of the National Society for the Study of Education : Session of the Year 1938*, ed. National Society for the Study of Education(Bloomington: Public School Publishing Company, 1939), p. 9.

② See Hollis Leland Caswell, *City School Surveys : An Interpretation and Appraisal* (New York: Teachers College, Columbia University, 1929), p. 15.

③ See Charles H. Judd,"Contributions of School Surveys,"in *Thirty-Seventh Yearbook of the National Society for the Study of Education : Session of the Year 1938*, ed. National Society for the Study of Education(Bloomington: Public School Publishing Company, 1939), p. 11.

《城市学校调查：理解和赞赏》（*City School Surveys: An Interpretation and Appraisal*）指出，学校调查运动的四个特征是：第一，调查是由正规学校系统以外的机构开展；第二，调查报告是公开出版的；第三，调查的对象只能是学校系统，而不能是其他类型的调查附带着调查了学校；第四，调查的主要目的是改进当地的学校系统。①

这次调查是美国公立学校第一次聘请学校系统以外的专家对学校系统进行评估，并且这些外来的专家的意见被认为是比政府官员和偶然而来的观察者的意见更有价值。与以前的调查不同，这样的调查研究由“不带偏见的外部专家”而非当地公民和学校当局进行，并依赖“客观依据……即有关学生学习进步与成绩的事实”②。外来专家开展学校调查的模式很有必要，一方面，学校董事会或者部分市民对学校管理者并不信任，无法保证调查结果的公正、客观；另一方面，学校系统自身的教育管理者沉迷于学校日常管理的细节，无法提出具有建设性的改进意见。在1910年后的十几年中，这种外来专家开展学校调查的模式成为一种崭新的潮流，席卷了美国从东海岸到西海岸的各州，形成了美国历史上声势浩大的“学校调查运动”。美国教育办公室城市学校部门（City School Division of the United States Bureau of Education）主席德芬鲍赫（Deffenbaugh）博士在总结1922年之后的学校调查发展情况时曾说：“10年之前（1911年左右），对有些人来说，学校调查运动只是转瞬即逝的潮流，但是从1922年之后的数据来看，这个运动正在获得全新的发展势头。”③

---

① See Hollis Leland Caswell, *City School Surveys: An Interpretation and Appraisal* (New York: Teachers College, Columbia University, 1929), pp. 25-26.

② Hollis Leland Caswell, *City School Surveys: An Interpretation and Appraisal* (New York: Teachers College, Columbia University, 1929), pp. 25-26.

③ Hollis Leland Caswell, *City School Surveys: An Interpretation and Appraisal* (New York: Teachers College, Columbia University, 1929), p. 27.

作为一个专属概念的美国学校调查运动兴起于1910年前后是历史的必然。这个时间段内，心理学中个体差异测量表已经从欧洲进入美国，管理学中科学管理已经在商业领域中兴起并获得认可，心理学和管理学是教育学科的两大学科支柱，为美国学校调查运动的主导者提供了心理学和管理学的调查工具。美国教育协会督导部、美国教育研究协会及其他协会中的专家们，已经通过推动《十人委员会报告》《大学入学要求委员会报告》的出台等系列活动，获得了课程测量的意识，探索了课程测量的工具，为学校调查运动的开展做好了技术上的准备。甚至可以说，学校调查运动综合使用了20世纪早期心理学、管理学、教育学领域中的所有测量工具，是测量工具在公立学校这个场域中的检验，这场影响范围颇大的学校调查运动将美国教育测量运动推向高潮。

第一节 科学管理与效率社会的形成

一、效率社会的形成

19世纪末至20世纪30年代大萧条之前，在美国报纸、杂志等大众媒体上，在专业协会的年度报告中，甚至在美国州际商务委员会(Interstate Commerce Commission)听证会上，“效率”是一个被广泛讨论的话题。“对效率的讨论在之后的岁月中从来没有中断过，但是像这么集中的讨论在之后的几十年中再没有出现。”① 的确，追求效率作为美国人的一种精神气质，贯穿于美国建国至今的几百年历史中。然

---

① Lawrence A. Cremin, *Transformation of the School: Progressivism in American Education (1876-1957)* (New York: Alfred A. Knopf, 1962), p. 155.

而，在进步主义时期，“效率”和“优秀”如此紧密结合，以至于“效率”等同于“优秀”的这种价值观念比美国历史上任何一个时期都要强烈[①]，以至于20世纪的前30年被认为是追求效率的时代。[②]

20世纪初期，垄断经济开始抬头，以科学管理为组织原则的大公司成为美国经济的主要形式。只有合作才能实现公司的利益最大化，也只有合作才能为企业创造最大价值，并进而给社会提供最大的福祉。这种强调合作的商业精神，改变了美国社会关于竞争与合作、个人与社会关系的认识，对建国以来的新自由主义传统提出了挑战。最早提出新国家主义（new nationalism）思潮的是罗斯福总统。他于1910年8月30日在堪萨斯州奥萨沃托米（Osawatomie, Kansas）的演说中，第一次使用了“新国家主义”这个词。罗斯福指出，政府应该保护公民的福利和财产权利，只有一个强有力的联邦政府才能够保证经济增长和社会正义。罗斯福认为工业的集中（concentration in industry）是经济发展的正常部分。行业的执行委员会（executive agencies）负责监管商业。联邦政府应该保护工人、妇女和儿童免受剥削。尽管在1913年的总统大选中，罗斯福及其进步党竞选失败，但是新国家主义的思潮并没有伴随罗斯福总统和进步党的失败而销声匿迹，相反，他们的实力在慢慢增长。在社会学领域中，一些社会学者、哲学家开始涉足新国家主义的研究，并且提出相关理论。

20世纪的前30年，以效率委员会（Efficiency Society）、全国效率研究会（National Institute of Efficiency）为阵地，以科学管理为旗帜，聚集了一大批社会名流，也形成了风靡一时的思想流派。例如纽约知名的律师路易·布兰德（Louis D. Brandeis）、效率委员会主席威廉·

---

① See Samuel Haber, *Efficiency and Uplift : Scientific Management in the Progressive Era 1890-1920* (Chicago : The University of Chicago Press, 1972), p. preface ⅸ.

② 参见陈如平《效率与民主——美国现代教育管理思想研究》，教育科学出版社，2004，第5—15页。

维勒克斯（William R. Willcox），这些社会精英的研究领域虽然各有侧重，但是无一不凭借着业已形成的“科学管理是治愈一切问题的灵丹妙药”这一理念的盛行，大刀阔斧地在工业领域、联邦政府、公共卫生领域和教育领域推广科学管理。他们认为，“只有对工业和商业最好的才是对美国最好的”①，认为政府和公共机构拥有和工商业类似的运作模式，都可以通过工商业中成功的管理方法加以改造，实现社会财富的增加。

20世纪初期的美国，工业生产高度繁荣的背后蕴藏了极大的腐败，社会资源被大量浪费，“效率专家”在政治领域开展了大刀阔斧的消除浪费的活动，包括出台“禁酒令”，因为醉酒降低了工业生产和社会工作的效率；开展州和地方层面的公共服务改革；开展市政精简运动，推广公共卫生行业的改革等。在政治领域中对效率的强调只是反对腐败的话语体系，也可以说是工商业现代化相伴随的政治现代化的过程。

效率问题在联邦政府得到了高度的重视，效率思想成为指导政府工作的一种原则，政府要像私人企业那样富于效率。罗斯福总统一再强调效率的重要性，他曾经在一次备受大众媒体关注的对学生的讲话中说道：“你们必须要有效率，必须能在政治世界和商业世界中立足，能避免财务上的亏损，做出令人满意的成绩并拿到薪水。如果不做到这一点，你们就不能为别人带来利益。”② 英国驻美大使曾感叹道，他到过许多国家，但没有哪个国家的政府官员像罗斯福政府的官员那样热情充沛、心灵高尚和富有效率。③ 如果此话不足以说明效率在联邦政

---

① Arthur G. Wirth, “Philosophical Issues in the Vocational-Liberal Studies Controversy (1900-1917): John Dewey vs. The Social Efficiency Philosophers,” *Studies in Philosophy and Education* 8(1974): 169-182.

② 雷蒙德·卡拉汉：《教育与效率崇拜：公立学校管理的社会影响因素研究》，马焕灵译，教育科学出版社，2011，第19页。

③ See Richard Hofstadter, *Anti-intellectualism in American Life* (New York: Alfred A. Knopf, 1963), p. 207.

府中的受重视程度，那么之后成立的效率组织足以表明联邦政府在推动以“效率”为旗帜的改革。1912年，威廉·塔夫脱总统曾任命一个效率委员会，以泰勒的门徒弗里德兰·克利夫兰（Friedland Cleveland）为主席，提出了以进行行政预算与设立中央行政管理与控制局为主要内容的革新方案。威尔逊上台后，解散该委员会，改设全国效率研究会。[①] 该协会并没有提出任何细化的主张，也没有提出提高效率的路径，它只是一个愿意让更多的人知道自己的研究成果的一个联合会，而这些研究成果也受到了其成员的欢迎。这个协会也和当时其他的协会合作，它们的目标可以统称为“促进更高效的世界联邦”（the federation of the world for greater efficiency）。[②]

二、效率专家的出现

1910年秋，美国州际商务委员会的一场辩论吸引了美国人的注意。美国东北铁路系统向美国州际商务委员会申请提高运费，以补偿1910年春天铁路工人工资上调的开销，贸易商却反对此项提议，因为这样会提高运输费用。双方都聘请了律师且展开了数场唇枪舌剑。东北铁路系统一方的代表哈林顿·埃默森（Harrington Emerson）用自己在圣塔菲铁路公司（Santa Fe Railroad）成功运营的经验强有力地说明，其可以在不提高成本的情况下，“让铁路公司1天节省100万”[③]。最后，埃默森一方大获全胜。这场听证会受到了媒体的极力鼓吹，效率主义

---

① See Samuel Haber, *Efficiency and Uplift: Scientific Management in the Progressive Era 1890-1920* (Chicago: University of Chicago Press, 1972), p. 144.

② See Dewey Melville, "Efficiency Society," in *The Encyclopedia Americana in Thirty Volumes* (New York, Chicago: The Encyclopedia Americana Corporation, 1918), pp. 719-720.

③ Herbert N. Casson, "The Story of Emerson: High Priest of the New Science of Efficiency," *The American Review of Reviews* 48, No. 9 (1913): 305-307.

的思想戏剧化地进入了公众的视野。《展望》（*Outlook*）杂志将这种管理制度描述为“神奇的力量”，称其对工业的影响“堪与使用手工工具到使用机器这一转变相媲美”[①]。1910 年或之前，整个西方世界的商界和政府部门的人员都为这一关于协调效率的简洁明了的提法所倾倒。[②]这次胜利极大地鼓舞了以埃默森为代表的效率主义者的信心，增加了公众对效率主义的认同，开启了效率主义被神化和无限夸大为“万能良药”的大门。

哈林顿·埃默森是科学管理的极力鼓吹者，西方管理学界所公认的传播效率主义的一位先驱，被称作“效率主义的大祭司”。他从 1900 年开始就通过效率的原则极大地改善了工厂的管理效率，降低了成本，提高了公司的利润。埃默森认为，泰勒的科学管理不过是对效率原则的进一步发展。但是，与泰勒的科学管理不同，埃默森认为应该充分发挥每个工长的专业知识，而不应该提倡一层向上一层负责的机制，他肯定和培养了工厂中基层工长的专业能力。埃默森认为，效率就是去掉所有不必要的材料的、劳动力的和设备的浪费，来减少成本，增加利润，提高工资。

从 19 世纪 90 年代后期开始，埃默森就以“效率专家”的身份为美国大大小小的企业进行了科学管理咨询，进而提出改进工厂管理的办法，帮助企业提高生产效率，降低成本，增加利润。在这个过程中，埃默森帮助企业获取了大量的利润，也创造了“效率专家”这样一个个人收益丰厚的新型职业。1896 年，埃默森将其效率主义思想应用在艾伯特玻璃工厂中，仅仅半年时间，工厂就由每月亏损 3000 美元转为

---

① 雷蒙德·卡拉汉：《教育与效率崇拜：公立学校管理的社会影响因素研究》，马焕灵译，教育科学出版社，2011，第 19 页。

② See Samuel Haber, *Efficiency and Uplift: Scientific Management in the Progressive Era 1890-1920* (Chicago: University of Chicago Press, 1972), pp. 10-15.

每月盈利 10 000 美元。[①] 之后，他把类似的方法应用在圣塔菲铁路公司，他仅用半年时间，就让该铁路公司节省了 1 500 000 美元的支出，该铁路公司的成功是一个最好的例证，所有人都知道这个公司是效率原则的胜利。

科学管理和"效率专家"的成功，不仅提高了企业效率，给效率专家提供了丰厚的物质回报，更重要的是，它为效率专家掌握话语权提供了底气。越来越多的人认为，能够在工业和商业领域节约成本、创造财富的工程师应该是这个社会的统治者。虽然当时大部分工程师认为，工业技术是高于社会秩序之上的，现存社会秩序有不少污点，但是这没有什么不好。[②] 仍有一些对社会和政治感兴趣的工程师积极参与社会和政治改革，怀着一种拯救者和救赎的心态将工商业中成功的法则应用到政治、社会生活和个人生活的多个领域，他们有责任这样做，也有能力这样做。自从工业革命以来，在达尔文主义和进化论的启发下，科学早已脱离了"神学婢女"的位置，一跃成为新的宗教。科学管理在工业领域的巨大成功给民众提供了一个乐观和充满希望的前景，民众的认同奠定了工程师作为社会精英的合理性。

① See Herbert N. Casson,"The Story of Emerson: High Priest of the New Science of Efficiency," *The American Review of Reviews* 48, No. 9(1913):305-307.

② See John M. Jordan, *Machine-Age Ideology: Social Engineering and American Liberalism, 1911-1939* (Chapel Hill & London: The University of North Carolina Press, 1994), p. 34.

第二节 学校调查运动的主导者

一、“科学管理”对教育领域的影响

商业对教育影响的发挥可以通过院外人士、专业记者、商业家或者企业家表现出来，无论个人或团体，最后还是通过教育者自己表现出来。[①] 根据实施主体的不同，科学管理进入公立学校教育领域有两种路径。第一种路径是由已经在科学管理领域中取得成就的“效率专家”或其他教育行业之外的精英群体亲自涉足公立学校领域，将学校与工厂相类比，探索在学校中开展科学管理的可能性。这种路径的典型代表是哈林顿·埃默森和约瑟夫·迈耶·赖斯。埃默森在公立中学领域进行了3年的调研后，于1912年在纽约市中学教师协会（The High School Teachers' Association of New York City）上做了《科学管理与高中效率》（“Scientific Management and High School Efficiency”）的演说，同年该演说作为该协会的公告之一被发表。赖斯在1914年出版了一本以《教育中的科学管理》为题的论文集。

第二种路径是公立学校的管理者感受到来自上级教育管理部门和公众的压力，而主动放弃教育的人文性质，在学校管理和课程设置方面实施科学管理。第二种路径的先驱人物包括芝加哥大学教育管理系的讲师富兰克林·博比特、马萨诸塞州牛顿市督学弗兰克·斯波尔丁和斯坦福大学教育学教授卡伯莱。1913年，富兰克林·博比特在全国教育研究协会年会上发表了一篇文章——《消除教育中的浪费》（“The

---

① 参见雷蒙德·卡拉汉《教育与效率崇拜：公立学校管理的社会影响因素研究》，马焕灵译，教育科学出版社，2011，第5页。

Elimination of Waste in Education”），文中提出了四条在教育中使用科学管理的原则。同年，弗兰克·斯波尔丁发表了《科学管理使用的原则》（“The Application of the Principles of Scientific Management”），描述了他在新泽西州牛顿市的牛顿文法学校和牛顿高中中开展科学管理的实践。卡伯莱是20世纪30年代之前教育管理领域的集大成者，于1906—1933年担任斯坦福大学的教育学教授。他的一系列著作提供了进步主义时期公立学校管理改革的圭臬，他在《公立学校管理：公立教育管理和组织的基本原则》一书中指出：“在某种意义上，我们的学校就是工厂。”① 这句话与泰勒原理的精神高度契合。

当然，商业对教育的影响，最终一定会通过教育领域中的人来表现出来。但是，作为公立学校的教育管理者，为什么会主动把自己安身立命的领地交给工商业的领导呢？不排除一种可能，督导和学校董事会成员出于自身利益的考虑，希望能够抓住这个时代的脉搏，让自己成为学校管理中的“效率专家”，以此能够像埃默森一样为自己获得巨大的财富上的满足。卡拉汉在《教育与效率崇拜》一书中将这种行为总结为督导职业的脆弱性（vulnerability），这种脆弱性使得其无力坚守教育的人文价值。该如何理解督导职业的脆弱性？专业化浪潮的兴起提供了一种理解视角。

20世纪早期，一股“专业化”的潮流冲击了大学中的每一个学科。一个学科只有实现专业化，才能在高校中立足，才能实现这个专业中的研究者自身的“专家”身份。心理学专家通过开发各种智力测验量表，跻身专家行列；泰勒的“科学管理”兴起之后，为组织开展咨询、进行管理优化的“效率专家”进入商业组织和政府机构中提高组织的管理效率奠定了基础。教育研究该怎么办？如果教育研究者无法实现

① Ellwood Patterson Cubberley, *Public School Administration: A Statement of the Fundamental Principles Underlying the Organization and Administration of Public Education* (Boston: Houghton Mifflin, 1929), p. 512.

专业化，那么将无法在大学中立足。以桑代克和贾德为代表的教育研究者开展了如何实现教育科学专业化的探索。

以桑代克和贾德为代表的教育研究者实现教育科学化、专业化的过程并非一帆风顺，而是受到传统的大学中其他学科教师的反感和轻蔑，这些人甚至持一种“敌对的姿态”①。这种敌对的态度不只是因为对教育科学本身的质疑，还因为教育科学的创立过程或明或暗地干扰和挑战了既定的学术法则。在没有教育学院之前，各科的教师是由各个学系自行培养，而且教师的知识和个性决定了他们的成功。“教育科学”的出现，把教师培养的任务从各个学系“收归”教育学系，并且使用心理学中的众多变量，借用统计和测量的方法，实现课程的标准化，对教科书的编制指指点点，测量学生的智力和成绩。教育学系这样的创办过程，也指明了教育学系实现自身专业化的基础不可能是各科教师的知识，而是教育中的心理问题和管理问题。

二、中小学管理者找到了教育科学研究者

如上文所述，在“黑幕揭发”的外界压力和公立学校内部政治的变革中，以督导为代表的公立学校管理人员自身的地位受到了威胁，他们急需一种“科学”的教育管理方法，来为自身“正名”；大学中教育学系的教授，正在寻找教育科学化的基础和专业化的路径，他们“发现”中小学教育管理者的需求正是教育专业得以实现“专业化”的一个切实的基础和现实的选择。因此，大学中的教育研究者和学校管理者之间建立了紧密的联系，甚至可以说，大学中的教育研究者被中小学教育管理者“裹挟”了。作为一个大学的学科，提高学生的知识

---

① Bruce A. Kimball, *The "True Professional Ideal" in America*: *A History* (Cambridge Mass.: Blackwell Publishers, 1992), p. 220.

水平和扩充学科知识是首要任务。以贾德为代表的第二代教育测量专家，为了实现自身的经济利益和建立自身的学术身份，将教育研究置于学校管理者培训的基础上，使得教育学科不再是一个创造知识的领域，而是平衡教育问责的工具，这体现了那个时代的要求。“在大多数情况下，……这是保守的政治改良主义所采取的方法（统计学通常被看作是重新塑造已经呈现出不满情况的社会现实的秩序的方法）。经验的社会分析被用来证明改革的必要性，并用来提出和推进各种所需的标准、敦促政策的制定。要达到这个目的，最初并不需要面对具体的认识论或本体论的问题，宽泛地说，一种认真的经验实在论对这种以问题为核心的社会科学就足够了……”① 美国教育史家乔治·康茨（George Counts）将其称为“从理论到调查”②。康茨认为教育学院在获得身份的努力中，“从理论转向了调查”，教育学院中的教育学教授不再寻求对教育的理论描述，而是转向开展一系列的教育调查，用调查的方法研究教育问题恰恰是管理进步主义的主要特征。③

20 世纪的前 10 年，对任何问题的考察都无法脱离“进步主义”这个大的文化氛围，在进步主义时代，专家开始登上政府管理的舞台，表现为在政府中实行文官考绩制。“实干家知道如何做，科学家知道为什么做，而专家则知道如何做和为什么做。”④ 进步主义时期，是一个“专家”受到推崇的时期，这表现在教育领域中就是具有中小学管理经验，并且在大学中受过培训的“专家”是具备教育领导能力的人。

---

① 西奥多·M. 波特、多萝西·罗斯：《剑桥科学史：现代社会科学》（第七卷），第七卷翻译委员会翻译，大象出版社，2008，第 517—519 页。

② Michael B. Katz, “From Theory to Survey in Graduate Schools of Education,” *The Journal of Higher Education* 37, No. 6(1966): 325-334.

③ 参见戴维·B. 泰亚克《一种最佳体制：美国城市教育史》，赵立玮译，上海人民出版社，2010，第 3 页。

④ 戴维·B. 泰亚克：《一种最佳体制：美国城市教育史》，赵立玮译，上海人民出版社，2010，第 105 页。

20 世纪的前 10 年，教育管理研究作为教育研究的一个分支出现了。大学里面的教育学院开始建立培训督导和校长的科学管理方法的项目，强调统计方法的应用来促进学区的管理。大学里面的研究者与学校管理者合作设计“儿童预算”系统来收集和理解学生记录、评价教师、确立预算、计算花费的公式。“教育测量”这个词开始使用，整合了几乎所有形式的定量分析，总结出从心理学到经济学的所有能够评价教育机构投入和产出的计算方法。

与此同时，大学里的教育研究者和学校管理者建立起紧密的联系。学者参与到公立教育的辩论中。桑代克在 1908 年讨论学生分级和升学的问题，推孟通过写书和文章来说明学校怎样提高学生的身体健康水平，推孟和他的学生一起帮助学区和青少年在加州使用智力量表。[①] 至此，已经在大学里的培训课堂上学习到教育教学、学生行为、学校管理方法的管理者开始进行学术调查（academic inquiries）。大学教育研究者与公立学校管理者建立了共同的社会经验和私人联系，形成了一个既包含理论研究也涉及教育改革实践的专家型网络，这种联系网络把大学教授和现在在读的，以及之前毕业的那些在学校工作的“学生们”网罗起来，实现教育学术研究的发展并且推动实践中的公共政策改革。正如卡伯莱所说，教育学教授们相信专门的学校统计调查研究有助于推动“专业知识的增长”，同时又有助于“公众了解学校管理人员教育经费的状况”[②]。领导学校调查运动的改革者们就存在于这样一个结构中。

---

① 参见埃伦·康德利夫·拉格曼《一门捉摸不定的科学：困扰不断的教育研究的历史》，花海燕等译，教育科学出版社，2006，第 75 页。

② 埃伦·康德利夫·拉格曼：《一门捉摸不定的科学：困扰不断的教育研究的历史》，花海燕等译，教育科学出版社，2006，第 80 页。

第三节 学校调查运动的影响

在几位知名的大学教授的领导和推动下，1910 年之后，学校调查运动在美国轰轰烈烈地开展了。这是美国统计社会的风格在公立学校领域的体现。在 20 世纪之前，传授知识并没有像今天这样制度化，课程设计和教学效果取决于教师的个人能力和人格魅力，充满了偶然性和随机性。随着公立学校的普及，教育管理者和大学中的教育专家、家长和公众都在探索建立标准化的路径和方法。学校调查运动就是在探索公立学校的标准化的道路上向前推进了一大步。通过学校调查运动，学校中的各项教学活动都有据可查，体现了统计社会的风格，一切皆可测量。在学校调查运动效果的认可度调查中，87％的人认为，是学校调查直接或间接的影响导致督导的工作内容更加明确，其中57％的人认为是学校调查的直接影响。[①] 碧利斯（D. C. Bliss）是新泽西州蒙特克莱尔市督学，他在美国教育协会上做了名为《学校管理中标准化测试的实施》（"The Application of Standard Measurements at School Administration"）的报告，其中开篇就鲜明地表明其支持测量的立场。"教育中精神的一方面无法测量；完整的教育不仅包含精神方面，也包含一些共同的、可以测量的特质。如果这些特质没有被清晰测量，它们的存在就会受到质疑。相反，这些特质被测量得越清晰，对教育中精神的部分的理解也就越透彻。"[②]

从 1910 年到 1915 年，30 个城市学区和州层面的教育系统参与了

---

① See Hollis Leland Caswell, *City School Surveys: An Interpretation and Appraisal* (New York: Teachers College, Columbia University, 1929), pp. 61-62.

② D. C. Bliss, "The Application of Standard Measurements at School Administration," in *Fifteenth Yearbook of the National Society for the Study of Education*, ed. National Society for the Study of Education (Bloomington: Public School Publishing Company, 1916), p. 69.

调查。每个调查都是一个特定学区的众多数据，包括校舍、经费、入学率、课程、学生成绩等。应美国教育协会效率和标准委员会主席的要求，斯图亚特·柯蒂斯（Stuart Courtis）向全国 30 个州的 200 名参与了柯蒂斯标准研究测试的督学发了调查问卷，看该测试是否对教师、教学和学生起到真正的作用。在发出的 200 份问卷中收到了 87 份回复，85 份持肯定意见。① 对学校调查运动的肯定意见可以从对教师和管理者的影响、对学校管理的影响两个角度来理解。

一、对教师和管理者的影响

学校调查运动可以促进教师提升专业能力。教师提升专业能力的路径分为以下两个方面：一方面，学校通过学校调查结果给教师评级，创造了教师改进的前提。学校调查的结果客观地对教师的教学能力有一个评估，教师和管理者可以清晰地看到自己的定位，自我改进意愿强烈的教师可以通过自学的方式提高教学能力，与此同时，学校管理者也会对一些教师给予更多关注，和教师讨论教学方法，在组织管理上提供必要的平台让教学能力较高的学校或教师向教学能力较低的学校或教师介绍教学方法。② 例如，波士顿市教育调查和测量部门会根据测试结果建立各学科的课程标准，听取学科教师对课程标准使用的反馈情况，反馈结果进一步用于各学科标准的修订。在这个过程中，可以提升教师对学科标准的理解力，从而有助于教师教学质量提高。与

① See S. A. Courtis, "Courtis Tests in Arithmetic: Value to Superintendents and Teachers," in *Fifteenth Yearbook of the National Society for the Study of Education*, ed. National Society for the Study of Education (Bloomington: Public School Publishing Company, 1916), p. 90.

② See S. A. Courtis, "Courtis Tests in Arithmetic: Value to Superintendents and Teachers," in *Fifteenth Yearbook of the National Society for the Study of Education*, ed. National Society for the Study of Education (Bloomington: Public School Publishing Company, 1916), p. 95.

此同时，波士顿市教育调查和测量部门还设立了一个研究观察组，观察和记录教师在理解标准过程中的问题，从而集体讨论并提出改进的建议。①

另一方面，学校调查活动本身就是一个促进教师专业发展的研究行为。在每一次学校调查的工具中，至少包含试卷和问卷两个部分。试卷围绕不同的学科开展，通常是标准化的，由测量专家确定，不会根据各个学校的情况做出大的调整；问卷都是有一个明确的目的，并且是在合作基础上开发的，编撰问卷的过程需要教育测量专家和教师反复沟通，这个合作沟通的过程可以促进教师的专业能力提升。

学校调查运动可以促进教育管理者开展教育问题研究。测量和调查是教育问题研究的一种科学方法。学校调查运动中使用的标准化测试得到的测验结果，使得督导可以精确地掌握辖区内学校的情况，有些督导还以此为依据开展研究，改进管理工作。例如，1912 年 9 月，蒙特克莱尔市的一个督导开展了一个实验。他从四年级的班级中挑选了一个实验班，并安排一个十分优秀的教师给这个班所有的学生授课。这个班不遵循常规的教学进度，完全按照学生能接受的程度讲授知识，但是不允许拖延，结果这个班用两年的时间完成了常规教学三年要完成的任务。在第二年结束的时候，校长、督导、拼写教师等非授课教师按照七年级应该达到的水平来评估这些学生，结果非常喜人。这个例子说明标准化测试达到了七年级学生的常规水平，给实验班提供了一个参照，来确认实验班的水平。②

---

① See Frank W. Ballou, "Work of the Department of Educational Investigation and Measurement, Boston," in *Fifteenth Yearbook of the National Society for the Study of Education*, ed. National Society for the Study of Education (Bloomington: Public School Publishing Company, 1916), p. 61.

② See D. C. Bliss, "The Application of Standard Measurements at School Administration," in *Fifteenth Yearbook of the National Society for the Study of Education*, ed. National Society for the Study of Education (Bloomington: Public School Publishing Company, 1916), p. 76.

学校调查运动不仅促使管理者在管理中开展研究，而且使得学校管理的效果得以量化表达。例如，新泽西州蒙特克莱尔市 1912 年 9 月的学生留级率是 23.3%。学校得知这个消息后，并没有采取任何激进的措施，而是对这些留级的学生给予更多的关注，这也给学校管理留出了一定的空间。四年之后，对同样的样本学校和学生进行测试，留级率降低了 10%。①

二、对学校管理的影响

学校调查运动对学校管理的影响首先表现为对学生进行分组。智力测试和以智力测试为依据开发出来的量表可以帮助学校管理者更加有效率地识别不同的学生，并且给学生安排合适的课程。当管理者面对大量不熟悉的学生的时候，尤其是一年级和九年级的学生，智力测试可以帮助管理者把学生分类。小学阶段，智力测试可以按照智力年龄来把学生“区分”，有的地方会为不同类别的学生开发出“区分课程”。学生根据智力测试的成绩被分成“临界值”“略微迟钝”“正常”三个级别。只有很少的被智力测试结果显示为“超级智商”的学生被划分到“正常”类别中。那些被划入“略微迟钝”范畴的学生，会被要求上一门与学生需求相适应的课程。② 在有的学校中，管理者会共同使用多种量表来作为学生分类的依据：“我们非常相信量表是绝对正确的指导，是一个对研究、对给学生分类非常有帮助的量表。”管理者也

① See D. C. Bliss, “The Application of Standard Measurements at School Administration,” in *Fifteenth Yearbook of the National Society for the Study of Education*, ed. National Society for the Study of Education (Bloomington: Public School Publishing Company, 1916), p. 72.

② See Paul Davis Chapman, *Schools as Sorters: Lewis M. Terman, Applied Psychology, and the Intelligence Testing Movement, 1890-1930* (New York: New York University Press, 1988), pp. 109-110.

承认很多因素会影响智力测试的结果，如健康、努力、态度、焦虑、时间压力等。所以，“对抗这些影响因素的最好办法就是要用多种测试共同测试的结果，作为给学生做能力分组的依据”[1]。

学校调查运动对学校管理的影响其次表现为对中小学课程的修订。由于美国地方分权制的传统，并不存在全美范围内统一使用的教科书，因此州或者市的教育管理部门，通过学校调查运动的结果，建立课程的共同标准，改进中小学的课程。在一些州或者市的教育委员会，还成立了专门负责学校调查的部门。弗兰克·巴鲁（Frank W. Ballou）是马萨诸塞州波士顿市教育调查和测量部门的负责人，他曾在美国教育协会上发表了题为《波士顿市教育调查和测量部门的工作》（“Work of the Department of Educaitonal Investigation and Measurement，Boston”）的报告[2]，总结了本部门监督中小学课程的修订方面所做的工作。弗兰克·巴鲁的这份报告在一定程度上代表了州层面和市层面的学校调查部门在中小学课程修订方面所做的工作。

以数学课程测试为例，对数学课的测试包括如下三个方面：第一，建立了四年级至八年级数学成绩学业成就客观标准。这个学业成就标准是基于50%的学生达到的成就来制定的。第二，根据这个标准，管理者可以清楚地看到每个学区、每所学校、每个学生在所有人中的相对位置。第三，测试结果反映了现在学生的普遍情况，三分之一的学生学得过头了；三分之一的学生有进步；三分之一的学生不仅没有任何进步，反而落后了。学校管理者应根据以上三个方面的内容建立数

---

① Paul Davis Chapman, *Schools as Sorters: Lewis M. Terman, Applied Psychology, and the Intelligence Testing Movement, 1890-1930* (New York: New York University Press, 1988), pp. 109-110.

② See Frank W. Ballou, "Work of the Department of Educational Investigation and Measurement, Boston," in *Fifteenth Yearbook of the National Society for the Study of Education*, ed. National Society for the Study of Education (Bloomington: Public School Publishing Company, 1916), p. 61.

学课程需要达到的学业成就客观标准，并以此为依据开展数学课程修订。

再比如，对拼写的测试得出以下结论：八年级学生识字不超过 25 000 个，其中 15 000 个最常用。波士顿市教育调查和测量部门建立了“最少识字列表”（minimal lists）和“补充识字列表”（supplementary lists of alleged difficult words），并发到每位八年级教师手中，供教学使用。这并不是要限制教师不得教授更多的单词，而是要教师保证“最少识字列表”中的单词必须教授。学校管理者根据这个测试方法对拼写的教材加以修订。但是，这种修订并不是一劳永逸的，之后还会对“最少识字列表”进行多次修正。例如 1915 年 5 月，学校对所有八年级学生进行了一次测试，并对“最少识字列表”进行修正。修正包括两个方面：第一方面确定“最少识字列表”中的单词的相对难度。这次测试后，在这个列表上的每个单词后面增加了一个比例，这个比例表明被测试学生中能够正确拼写这个词的百分比。这样做有两个好处：一是让教师明白这个单词的难度有多大，这样比较难的单词可以多次讲解；二是让教师了解自己的班级、自己的学生在所有班级、学生中所处的位置。例如，一个单词后面标记着“90%”，那么在一个 40 人组成的班级中，没有掌握这个单词的学生数量就达到了 4 人。第二方面，此次修正还设立了一个研究组，研究组负责研究是否有新的单词需要加入这个表格中，以保证这个列表中包含了所有学生应该掌握的单词。

学校调查运动对学校管理的影响最后表现为实现公立学校管理权的转移。“黑幕揭发”中多次提到董事会的腐败和低效，这给学校和家长带来巨大的困惑。因此，学校调查的内容直指董事会的腐败和低效。通过调查，很多地区董事会的董事的资格被取消，董事会的成员减少，董事会权力缩小。在持续 15 年的 50 次城市学校调查中，有 8 个督导由于学校调查的直接影响丢掉了工作；有 2 个督导由于非直接的影响而被迫辞职；罗得岛在 1924 年进行学校调查之后，董事会的董事数量从 33 人减少到 7 人。[1]

小　结

20 世纪 30 年代后，美国公立学校的学校调查受到来自学校教师的反对。一线教师认为测量的结果与教师在日常教学生活中观察到的结果并不一致，认为教育测量时期过于强调标准化测试所代表的客观性、测量工具的科学性，而忽视了学校教育的特殊性和实践性，抹杀了一线教师的功绩。公立学校中教师和管理者之间的矛盾日益积累，在 20 世纪 30 年代末期，伴随着资本主义世界第一次大规模的经济危机，在美国教师工会组织——美国教师协会的领导下，美国学校教师爆发了大规模的示威、抗议和游行，美国的教育测量运动走入历史的终结。

然而，教育测量就是教育评价时期的历史功绩这一点毋庸置疑，教育测量在美国学校发展史和美国教育评价发展史上都留下浓墨重彩的一笔。

---

① See Hollis Leland Caswell, *City School Surveys*: *An Interpretation and Appraisal* (New York: Teachers College, Columbia University, 1929), p. 59.

结　语

本书聚焦19世纪末20世纪初美国教育评价的发展，用三个章节描述了美国教育评价在个体差异的测量、课程的测量和学校管理的测量这三个方面发展的特定历史事实。在美国教育评价发展历史上，以上三个方面的发展事实形成美国教育测量等同于教育评价时期的特点，形成独特的教育评价逻辑。与此同时，教育测量影响了美国的学校变革，在美国教育史上留下了浓墨重彩的一笔。一个完整的历史学分析，不仅要描述特定的历史事实，而且有必要从经验上升为理论，回答造成这种历史事实的意识形态因素，以及在特定历史时期内的特定事实给美国教育生态造成了怎样的影响。

一、教育测量就是教育评价时期的评价逻辑

在美国教育评价发展历史上，19世纪末20世纪初被称为教育测量等同于教育评价的时期。这一时期形成了独特的教育评价哲学，表现为如下三个方面。

教育测量就是教育评价的时期，教育评价是脱离学校中的教育教学活动独立存在的，评价过程由外部专家独立开展，评价目标与教学目标并无交集。20世纪30年代之后，教育评价逐渐成为学校中教育教学活动的一个组成部分，评价人员和学校教师在互相协作的关系中对教学过程进行评估，评价的目标服务于学校教育教学的目标。

教育测量就是教育评价的时期，注重测量的知识而不是学科知识，在学校中的“专家”是掌握测量和统计知识的专家，而不是数学、科学等各个学科领域的专家。由于教育学、心理学、管理学领域测量知识的互通，测量专家通常并没有教育学知识，更谈不上具有数学、科学等学科知识。这一现象在之后的“八年研究”中得到彻底的改善。“八年研究”测量委员会中的委员以学校中的数学、科学等学科专家为主。测量专家能够主导学校中开展教育测量或教育调查活动的现象成为永远的历史。

教育测量就是教育评价的时期，以教育测量技术为纽带形成的大学中的教育研究者和中小学管理者联盟，通过学校调查运动建立了一套基于教育测量为专业权力的教育科层体系，在这个科层体系中，一线教师作为最底层，是公立学校中最没有权力的群体。20 世纪 30 年代教师工会带领下的一系列维权活动之后，教师和管理者之间的矛盾得到缓解。在教育评价问题上，评价者需要高度尊重教师代表的意见，教育管理者位于金字塔顶端的科层制一定程度上有所松动。

教育测量等同于教育评价的时期的产生是特定时间段一定范围内的意识形态的反映，这段时间所形成的独特的评价哲学对美国社会的影响已经远远超越了评价本身。

二、社会效率观念是主导 19 世纪末 20 世纪初美国教育测量运动的意识形态因素

在美国历史上，19 世纪末 20 世纪初的这段时间被认为是技术理性的全胜时代，技术理性超越了传统新教主义、道德精英理念等思潮，一举成为最具有统治地位的思想。20 世纪初期，垄断经济开始抬头，大公司成为美国经济的主要形式。只有合作，才能实现公司的利益最大化，也只有合作才能为企业创造最大价值，并进而给社会提供最大

的福祉。这种以垄断经济的发展形势来定义的美国社会哲学，对建国以来崇尚个人主义和竞争的美国自由主义传统提出了挑战，改变了美国社会关于竞争与合作、个人与社会关系的认识。社会效率就是产生于这个时代，对各种社会问题提供解决方案的一种意识形态。

社会效率的主要思想内涵是社会控制。最早提出社会控制概念的人是美国社会学创始人之一的爱德华·罗斯（Edward A. Ross）。他于1896年首次提出该概念，并于此后5年间，在《美国社会学》杂志上先后发表了19篇相关论文，于1901年以《社会控制：秩序的基石综览》为名结集出版，这也是世界上系统研究社会控制的第一部专著。在这部书中，罗斯对社会控制的观点做出了如下解释。

第一，社会控制的主体是社会，个人的社会行为是受控的客体。在个人需求和社会需求产生矛盾的时候，社会需求必然大于个人需求。罗斯认为："社会机器经常阻止和改变个体的活动，这种阻止或改变的运行越是平衡，越是说明社会秩序完备。所以，成功的协作是一种高级的社会秩序。"① 因此，社会控制就是一种自我约束和平衡机制的建构。社会越是发展，这样一种建构也就越完善，反过来，社会控制又使社会发展中的矛盾和内耗越来越少。这样一来，虽然社会秩序的复杂程度越来越高，但社会成员之间行动的协作性却越来越强。

第二，社会控制并不会带来个体和社会之间的冲突。在建立和维持社会秩序的斗争中，群体不总是同个体相对立，社会也不总是同个体的利益相对立。在社会机器的有效运作下，社会成员之间的协作性越来越强，个体越来越习惯并且依赖于这种社会结构，个人认识到社会控制对自己"利好"。因此，实现社会控制的过程具有人的自觉的目的性。

第三，社会控制理论把教育置于改造社会的重要位置上。所谓社

① E. A. 罗斯：《社会控制》，秦志勇、毛永政译，华夏出版社，1989，第1页。

会发展，就是要用契约所规定的“硬性”的关系来代替情感的、家庭的“软性”关系。“社会进步的标志，是以稳定的不受人的情感影响的关系逐渐取代无常的私人关系。”① 实现这种“软性”关系向“硬性”关系转变的路径就是学校教育。在美国的清教传统中，父母和教会对孩子的教育承担首要责任。19 世纪 40 年代前后，伴随着旧式家庭关系的式微，在各地建立起多所以公共税收支持的公立学校，这些学校接管了教会的部分使命，承担起教育下一代的职责。社会控制的理论认为，学校要对儿童的成长负责，儿童教育的责任要从家庭转移到学校。学校是家庭的延伸，教师是从社会中挑选出来的“社会精英”，承担“替代父母”的责任来教育下一代。只有优秀的、接受过培训的社会精英，才能把儿童教育成社会所需要的样子。社会控制理论也是“替代父母制”的思想基础。

三、社会效率观念影响下的美国公立学校个体差异、课程和管理的测量

在社会效率思想影响之下，学校被赋予了改造社会的重要社会职责，学校从社会的边缘逐步走向社会的中心。

社会效率的意识形态强调社会发展优于个人的发展，全社会的整体利益高于个人的利益。“社会被看作是一个最大限度地制造产品的存在，而人的价值就是通过其对社会的贡献来实现的。对社会贡献越大，人的价值就越大。”② 智力量表作为一种新型的分类工具和人才划分的

① E. A. 罗斯：《社会控制》，秦志勇、毛永政译，华夏出版社，1989，第 9 页。

② Joel Spring, “Education and the Rise of the Corporate State: The Role of Socialization and the Corporate Image in the Development of American Public Education in the Late Nineteenth and Early Twentieth Centuries” (PhD diss., University of Wisconsin, 1969), p. chapter Ⅲ.

方法，是实现社会效率观念推崇的把合适的人放到合适的岗位上的工具。正是在社会效率观念的影响下，产生在法国的个体差异量表没有在欧洲被广泛使用，而是在美国这片土壤上“生根发芽”，并且大放异彩。推孟在对学校管理者强调自己工作的价值的一段话非常明显地表示了智力测验与社会效率观念之间的关系：“很显然，和研究弱智儿童相比，最大限度地开发天才儿童的资源，对社会具有无可比拟的价值。”①

社会效率的意识形态要求学校应该放弃“所有人平等”“无阶层社会”这样的观念，并且应该对学生进行差异化教学，让学生能更好地适应未来城市生活的各个阶层的需求。② 也就是说，把学校学习的内容和真实社会的需求相匹配，从“相同对待”（sameness of treatment）转为按照个体需求和他们即将在成人生活中扮演的角色实行区分，在学校教育中“区别对待”（differentiated treatment）。只有这样，才能把每个人放在他在社会中合适的位置上，才能最大限度地节省资源，对社会有利。③ 在社会效率的意识形态下，学校改变了统一的、无分化的课程，根据学生未来发展的不同需求，设置为职业做准备的课程和为升入高一级学校做准备的课程。在美国教育协会的组织下，《十人委员会报告》和《大学入学要求委员会报告》明确并开发出测量学校课程的标准，实现不同课程之间的“等值”“可测量”和“可转化”。

社会效率的意识形态要求学校复制和效仿工业领域中提高效率的管理办法。公立学校系统卷入“公司制”框架的表现之一是学校系统

---

① Paul Davis Chapman, *Schools as Sorters: Lewis M. Terman, Applied Psychology, and the Intelligence Testing Movement, 1890-1930* (New York: University Press, 1988), p. 103.

② See Ellwood Patterson Cubberley, *Changing Conceptions of Education* (Boston New York etc.: Houghton Mifflin Company, 1909), p. 10.

③ See Strayer Drayton George, "Progress in City School Administration During the Past Twenty-Five Years," *School and Society* 32(1930): 375-378.

的组织和运行最大限度地复制工厂制度下的生产和管理模式，以此来发挥学校作为“社会控制”的核心的功能来保证控制权力的人所制定的游戏规则能够顺利实行。卡伯莱的名言“学校即工厂”就是这种思想的精确写照。在卡伯莱等专家的带领和推动下，美国公立学校开展了学校调查运动，这场运动不仅提升了学校的管理效率，建立了公立学校中的科层体系，而且从客观上实现了教育学和心理学的专业化。

四、19 世纪末 20 世纪初美国教育测量运动使得心理学和教育学专业化成为可能

19 世纪后半期，自然科学已经成为西方文明的一部分，教育研究开始获得它在学术界的地位。教育学的科学研究最早发生在心理学领域。心理学家通过开发各种智力测验量表，以及借着第一次世界大战的“春风”发展心理学，成功跻身专家行列。与心理学家通过心理测验实现自身的科学化路径相似，美国的教育研究者在实现自身科学化的路径上找到了“科学管理”这个管理学的工具，实现了自身从教育专家向教育管理专家的过渡。

（一）心理学的专业化

19 世纪 60 年代，冯特在德国莱比锡大学的实验室奠定了实验心理学的基础，使得用自然科学的方法来探究人体的秘密成为可能，也终结了所有的教育对象都具有同质性的观点，“个体差异”的理论开始出现。“个体差异”概念的出现是现代实验心理学发展的基本哲学基础，也标志着以官能心理学为基础的心智训练学说的衰落。1904 年，诞生在法国巴黎的比奈-西蒙量表，是在实证主义兴起的土壤中生长出来的实验心理学这课大树上结出的一个小树枝。作为表征和测量“个体差异”的一个工具，比奈-西蒙量表在欧洲并没有引起轩然大波，但是当其“无意”中被带到美洲大陆的时候，却引发了美国心理学界和教育

学界的轰动。

如果我们做一个不恰当的比喻，把比奈-西蒙量表比作一个人的话，“时势造英雄”这句俗语是这个人从默默无闻走向名扬四海，从平凡人生走向英雄人生的高度概括：第一次世界大战这个“时势”造就了比奈-西蒙量表这个“英雄”。比奈-西蒙量表在第一次世界大战中的广泛应用极大地推动了心理学的社会认可度。刚刚成立不久的心理学跻身社会科学的行列中，在该领域工作的学者也获得了专业身份，收获了专业荣誉和经济利益的双重收获。

（二）教育学的专业化

在教育学领域，一方面，大学中刚实现科学化不久的教育学家急于寻求巩固自身学术地位的伙伴；另一方面，中小学教育管理者饱受“黑幕揭发”造成的批评学校的社会舆论的巨大压力，希望寻求一种能够为自己辩护、为公立学校“正名”的方法。教育领域中的理论工作者和实践工作者找到彼此，各取所需：公立学校的管理者需要一种实证主义的方法来说明学校教育的价值、学校工作者付出的努力、学校建设取得的成绩，他们需要教育学者手中的“技术”；教育学者需要公立学校这个巨大的“试验场”来提供源源不断的“被试”和施展各种测量工具的平台。美国大学中的教育研究者和中小学的教育管理者出于共同的利益走在了一起，形成了一个个以实证研究为基础的“共同体”。这些共同体以研究协会的形式存在。例如，拉塞尔·塞奇基金会就是其中具有代表性的一个。

在这样一个理论和实践紧密结合的共同体的带领下，从事教育测量的教育学者和实践管理者聚集在了一起，共同推动教育测量、科学管理相关的研究技术的进一步精进。20 世纪 20 年代之后，与教育测量相关的书籍陆续出版；相关的学术会议接连召开；一些没有教育学院的综合性大学，也凭借测量技术的进步而成立了教育学院。教育测量学和教育管理学呈现出欣欣向荣的发展势头。与此同时，以美国教育协会、拉塞尔·塞奇基金会为代表的共同体，还高调推动了测量技术进入中小学的过程，形成了学校调查运动。

在学校调查运动中，美国公立学校系统经历了一场集权化和专业化的过程。受过高等教育的教育管理"专家"凭借自身的科学知识，在市和州层面建立办公室来取代地方选举的，通常是兼职的学校董事会。至20世纪20年代末，美国社会学校调查运动发展势头强劲，有一半以上的公立学校参与到美国学校调查运动之中。在这个过程中，已经被开发出来的教育测试量表得到更新，教育测量技术在与实践反复磨合的过程中不断提高。与此同时，以中小学教育管理者和大学教师一起组成的学术和利益共同体的结合更加紧密、稳固。

20世纪初期的教育改革至今已过去100多年，而产生并成熟于这个时代的管理进步主义的力量仍然存在并积极发挥作用。这支力量主导着美国公立学校的管理，广泛参与公共政策的讨论，影响美国教育政策的出台，推动美国教育形成以"成绩—评价—绩效责任"为轴心的"3A"基础教育改革模式。1983年，里根政府出台了《国家处在危机中：教育改革势在必行》（"A Nation at Risk：The Imperative for Education Reform"），2011年，美国全国州长协会（National Governors Association，NGA）和各州教育长官委员会（Council of Chief State School Officers，CCSSO）出台了《共同核心州立标准》（"Common Core State Standards"），这都是这种改革模式在美国基础教育领域的体现。我们有理由相信，管理进步主义的传统已经成为美国公立教育变革的一种"基因"，这种基因将持续存在并影响和塑造每一个"当下"的美国公立教育的形态。

参考文献

一、中文部分

[1] 艾斯纳. 教育想象——学校课程设计与评价 [M]. 李雁冰，主译. 北京：教育科学出版社，2008.

[2] 鲍尔斯，金蒂斯. 美国：经济生活与教育改革 [M]. 王佩雄，等译. 上海：上海教育出版社，1990.

[3] 波林. 实验心理学史 [M]. 高觉敷，译. 北京：商务印书馆，1981.

[4] 波特，罗斯. 剑桥科学史：现代社会科学（第七卷）[M]. 第七卷翻译委员会，译. 郑州：大象出版社，2008.

[5] 布尔斯廷. 美国人：民主历程 [M]. 中国对外翻译出版公司，译. 北京：生活·读书·新知三联书店，1993.

[6] 陈如平. 效率与民主——美国现代教育管理思想研究 [M]. 北京：教育科学出版社，2004.

[7] 戴忠恒. 心理与教育测量 [M]. 上海：华东师范大学出版社，1987.

[8] 迪纳. 非常时代：进步主义时期的美国人 [M]. 萧易，译. 上海：上海人民出版社，2008.

[9] 厄本，瓦格纳. 美国教育：一部历史档案（第三版）[M]. 周

晟，谢爱磊，译. 北京：中国人民大学出版社，2009.

［10］方纳. 给我自由！——一部美国的历史：上卷［M］. 王希，译. 北京：商务印书馆，2010.

［11］方纳. 给我自由！——一部美国的历史：下卷［M］. 王希，译. 北京：商务印书馆，2010.

［12］古贝，林肯. 第四代评估［M］. 秦霖，蒋燕玲，等译. 北京：中国人民大学出版社，2008.

［13］格林. 教育与国家形成：英、法、美教育体系起源之比较［M］. 王春华，等译. 北京：教育科学出版社，2004.

［14］黄敬思. 学校调查［M］. 北京：中华书局，1940.

［15］霍夫斯达特. 改革时代——美国的新崛起［M］. 俞敏洪，包凡一，译. 石家庄：河北人民出版社，1989.

［16］久下荣志郎. 现代教育行政学［M］. 李兆田，周蕴石，刘水，等译. 北京：教育科学出版社，1981.

［17］卡拉汉. 教育与效率崇拜：公立学校管理的社会影响因素研究［M］. 马焕灵，译. 北京：教育科学出版社，2011.

［18］坎贝尔. 现代美国教育管理［M］. 袁锐锷，译. 广州：广东高等教育出版社，1989.

［19］康内尔. 二十世纪世界教育史［M］. 张法琨，方能达，李乐天，等译. 北京：人民教育出版社，1990.

［20］克雷明. 美国教育史 3：城市化时期的历程（1876-1980）［M］. 朱旭东，译. 北京：北京师范大学出版社，2002.

［21］拉格曼. 一门捉摸不定的科学：困扰不断的教育研究的历史［M］. 花海燕，等译. 教育科学出版社，2006.

［22］李剑鸣. 大转折的年代——美国进步主义运动研究［M］. 天津：天津教育出版社，1992.

［23］里帕. 自由社会中的教育：美国历程［M］. 於荣，译. 合

肥：时代出版传媒股份有限公司，安徽教育出版社，2010.

［24］林克，卡顿. 1900年以来的美国史：上［M］. 刘绪贻，李世洞，韩铁，等译. 北京：中国社会科学出版社，1979.

［25］林克，卡顿. 1900年以来的美国史：中［M］. 刘绪贻，李世洞，韩铁，等译. 北京：中国社会科学出版社，1979.

［26］林克，卡顿. 1900年以来的美国史：下［M］. 刘绪贻，李世洞，韩铁，等译. 北京：中国社会科学出版社，1979.

［27］罗黎辉，高翔. 教育测量与评价［M］. 昆明：云南教育出版社，1996.

［28］罗斯. 社会控制［M］. 秦志勇，毛永政，译. 北京：华夏出版社，1989.

［29］蒙哥马利. 考试的新探索［M］. 黄鸣，译. 南宁：广西人民出版社，1984.

［30］默多克. 智商测试：一段闪光的历史，一个失色的点子［M］. 卢欣渝，译. 北京：生活·读书·新知三联书店，2009.

［31］帕灵顿. 美国思想史［M］. 陈永国，李增，郭乙瑶，译. 长春：吉林人民出版社，2002.

［32］瞿葆奎. 教育学文集：教育与教育学［M］. 北京：人民教育出版社，1993.

［33］钱满素. 美国文明［M］. 北京：中国社会科学出版社，2001.

［34］沈玉顺. 现代教育评价［M］. 上海：华东师范大学出版社，2002.

［35］泰罗. 科学管理原理［M］. 胡隆昶，冼子恩，曹丽顺，译. 北京：中国社会科学出版社，1984.

［36］泰亚克. 一种最佳体制：美国城市教育史［M］. 赵立玮，译. 上海：上海人民出版社，2010.

［37］坦纳 D，坦纳 L. 学校课程史［M］. 崔允漷，等译. 北京：

教育科学出版社，2006.

［38］韦布. 美国教育史——一场伟大的美国试验［M］. 陈露茜，李朝阳，译. 合肥：安徽教育出版社，2010.

［39］威布. 自治——美国民主的文化史［M］. 李振广，译. 北京：商务印书馆，2006.

［40］威廉斯. 关键词：文化与社会的词汇［M］. 刘建基，译. 北京：生活·读书·新知三联书店，2004.

［41］梶田叡一. 教育评价［M］. 李守福，译. 长春：吉林教育出版社，1988.

［42］肖华锋. 美国黑幕揭发运动：大众化杂志、进步知识分子与公众舆论［J］. 历史研究，2004（4）：164-174.

［43］袁振国. 对峙与融合——20世纪的教育改革［M］. 济南：山东教育出版社，1995.

［44］张斌贤. 外国教育史［M］. 北京：教育科学出版社，2008.

［45］张斌贤. 社会转型与教育变革——美国进步主义教育运动研究［M］. 长沙：湖南教育出版社，1998.

［46］资中筠. 财富的归宿：美国现代公益基金会述评［M］. 增订本. 北京：生活·读书·新知三联书店，2011.

二、英文部分

（一）著作、学位论文、报告和会议记录

［1］AITKEN H J. Scientific management in action：taylorism at watertown arsenal，1908-1915［M］. Princeton NJ，USA：Princeton University Press，1960.

［2］ANGOFF W H. The college board admissions testing program：a technical report on research and development activities relating to the scholastic aptitude test and achievement tests[R]. New York: College Entrance Examination Board, 1971.

[3] ARTHER L W. The muckrakers: the era in journalism that moved America to reform, the most significant magazine articles of 1902-1912[M]. New York: Simon and Schuster, Inc. , 1961.

[4] AYRES L M. Laggards in our schools[M]. New York: Russell Sage Foundation, 1909.

[5] BUTTON W H, PROVENZO E F, HALL P J. History of education and culture in America[M], Englewood Cliffs, New Jersey: Prentice-Hall Inc. , 1982.

[6] CARL B C. A history and analysis of educational assessment in the United States[D]. Detroit: Wayne State University, 1980.

[7] CHAPMAN P D. Schools as sorters: Lewis M. Terman, applied psychology, and the intelligence testing movement, 1890-1930[M]. New York: New York University Press, 1988.

[8] CASWELL H L. City school surveys: an interpretation and appraisal[M]. New York: Bureau of Publications, Teachers College, Columbia University, 1929.

[9] CHAUNCEY H, DOBBIN J E. Testing: its place in education today[M], New York: Harper & Row, 1963.

[10] CREMIN L A. The transformation of the school: progressivism in American education(1876-1957)[M], New York: Alfred. A. Knopf, 1962.

[11] CARL T C. The social survey: its history and methods[M]. Columbia: University of Missouri, 1919.

[12] CUBBERLEY E P. Public school administration: a statement of the fundamental principles underlying the organization and administration of public education[M]. Boston: Houghton Mifflin, 1929.

[13] CUBBERLEY E P. Research within the field of education: its organization and encouragement [M]. Chicago: University of Chicago Press, 1911.

[14] CUBBERLEY E P. Changing conceptions of education[M]. New York: Houghton Mifflin Company, 1909.

[15] CUBBERLEY E P. Public school administration: a statement of the fundamental principles underlying the organization and administration of public education[M]. Boston: Houghton Mifflin, 1929.

[16] DEWEY M. The encyclopedia Americana in thirty volumes[M]. New York, Chicago: The Encyclopedia Americana Corporation, 1918.

[17] DONLON T F. The college board technical handbook for the scholastic aptitude test and achievement tests[M]. New York: College Entrance Examination Board, 1984.

[18] ELIOT C W. Educational reform: essays and addresses[M]. New York: The Century Co. , 1901

[19] GLENN J M, BRANDT L, EMERSON F. Russell Sage Foundation, 1907-1946[M]. New York: Russell Sage Foundation, 1947.

[20] GILBERT N L. Joseph Mayer Rice: critic of the public schools and pioneer in modern educational measurement [D]. New York: University of New York, 1970.

[21] HOFSTADTER R. Anti-intellectualism in American Life [M]. New York: Alfred A. Knopf, 1963.

[22] JURGEN H. The once and future school: three hundred and fifty years of American secondary education[M]. London: Psychology Press, 1997.

[23] JOHN M J. Machine-age ideology: social engineering and American liberalism, 1911-1939[M]. Chapel Hill & London: The University

of North Carolina Press,1994.

[24] JOEL S. Education and the rise of the corporate state:the role of socialization and the corporate image in the development of American public education in the late nineteenth and early twentieth centuries [D]. Madison:University of Wisconsin,1969.

[25] JOSEPH S E. The concept of subject in American curriculum theory[D]. Madison:University of Wisconsin,1969.

[26] JOSEPH P. Early conceptions and tests of intelligence[M]. New York:World Book Company,1925.

[27] KRUG E A. The shaping of the American high school,1880-1920[M]. Madison:The University of Wisconsin Press,1972.

[28] KLIEBARD H M. The struggle for the American curriculum, 1893-1958[M]. 3rd ed. New York and London :Routledge Falmer,2004.

[29] KIMBALL B A. The "true professional ideal" in America: a history[M]. Cambridge Mass:Blackwell Publishers,1992.

[30] LARSON M S. The rise of professionalism: a sociological analysis[M]. Berkeley:University of California Press,1977.

[31] MONRE W S. Encyclopedia of educational research[M]. New York:Macmillan,1950.

[32] MEYER A E. An educational history of the American people[M]. New York,Toronto,London:McGraw-Hill Book Company,Inc. ,1958.

[33] MURCHISON C. A history of psychology in autobiography [M]. Worcester Mass:Clark University Press,1932.

[34] National Educational Association. Report of the Committee of Ten on Secondary School Studies,with the Reports of the Conferences Arranged by the Committee [R]. Knoxville: American Book Company, 1894.

[35] National Educational Association. Journal of proceedings and addresses of the National Educational Association: session of the year 1887[C]. Salem Mass. :Orserver Book and Job Print,1888.

[36] National Educational Association. Journal of proceedings and addresses of the National Educational Association: session of the year 1888[C]. Topeka:Kansas Publishing House,1888.

[37] National Educational Association. Journal of proceedings and addresses of the National Educational Association: session of the year 1892[C]. New York:Press of J. J. Little & Co. ,1893.

[38] National Educational Association. Journal of proceedings and addresses of the National Educational Association: session of the year 1894[C]. St. Paul:The Pioneer Press Co. ,1894.

[39] National Educational Association. Journal of proceedings and addresses of the National Educational Association: session of the year 1895[C] St. Paul:The Pioneer Press Co. ,1895.

[40] National Educational Association. Journal of proceedings and addresses of the National Educational Association: session of the year 1899[C]. Chicago:The University of Chicago Press,1900.

[41] National Educational Association. Journal of proceedings and addresses of the National Educational Association: session of the year 1905[C]. Chicago:The University of Chicago Press,1905.

[42] National Educational Association. Journal of proceedings and addresses of the National Educational Association: session of the year 1907[C]. Chicago:The University of Chicago Press,1907.

[43] National Educational Association. Journal of proceedings and addresses of the National Educational Association: session of the year 1913[C]. Chicago:The University of Chicago Press,1913.

[44] National Educational Association. Journal of proceedings and addresses of the fifty-third annual meeting and international congress on education held at Oakland [C]. Chicago: The University of Chicago Press,1915.

[45] National Society for the Study of Education. Thirteenth yearbook of the National Society for the Study of Education[C]. Bloomington: Public School Publishing Company,1914.

[46] National Society for the Study of Education. Fifteenth yearbook of the National Society for the Study of Education [C]. Bloomington:Public School Publishing Company,1916.

[47] National Society for the Study of Education. Seventeenth yearbook of the National Society for the Study of Education [C]. Bloomington:Public School Publishing Company,1918.

[48] National Society for the Study of Education. Twenty-first yearbook of the National Society for the Study of Education [C]. Chicago: University of Chicago Press,1922.

[49] National Society for the Study of Education. Thirty-seventh yearbook of the National Society for the Study of Education[C]. Bloomington Ⅲ. :Public School Publishing Co. ,1938.

[50] NOBLE W,JONCICH G. The sane positivist:a biography of Edward L. Thorndike[M]. Middletown CT:Wesleyan University Press, 1968.

[51] RICE J M. Educational research: scientific management in education[M]. New York:Publishing Printing Company,1913.

[52] RICE J M. The public school-system of the United States[M]. New York:The Century Co. ,1893.

[53] RICCARDS M P. The college board and American higher

education[M]. Madison:Teaneck Fairleigh Dickinson University Press, 2010.

[54] ROBERT L. Essentials of educational measurement [M]. Englewood Cliffs,N. J. :Prentice-Hall,Inc. ,1972.

[55] RIVERS W L,PETERSON T,JENSEN J W. The Mass Media and Modern Society[M]. San Francisco:Rinehart Press,1971.

[56] RAO R,SINHARAY S. Psychometrics [M]. North-Holland: Elsevier,2007.

[57] SAMUEL H. Efficiency and uplift:scientific management in the progressive era 1890-1920[M]. Chicago:University of Chicago Press, 1972.

[58] SPRING J H. Education and the rise of the corporate state [M]. Boston:Beacon Press,1972.

[59] SOKAL M M. Psychological testing and American society, 1890-1930[M]. New Brunswick,New Jersey:Rutgers University Press, 1987.

[60] TROEN S K. The public and the schools:shaping the St. Louis system,1838-1920[M]. Columbia Mo. :University of Missouri Press, 1975.

[61]THORNDIKE E L. An introduction of the theory of mental and social measurements[M]. New York:The Science Press,1904.

[62] THORNDIKE E L. The elements of psychology[M]. New York:A. G. Seiler,1905.

[63] TYACK B,Hansot E. Managers of virtue:public school leadership in America,1820-1980[M]. New York:Basic Books,1982.

[64] Urban W. J. Gender,race,and the National Education Association: professionalism and its limitations,New York:Routledge Falmer,2000.

[65] WESLEY E B. NEA：The first hundred years，the building of the teaching profession[M]. New York：Harper and Brothers，1957.

[66] WHIPPLE G M. The measurement of educational products [M]. Bloomington：Public School Publishing，1918.

(二)期刊文章

[1] AYRES L P. A revolution in education and its cause [J]. Lippincott's Monthly Magazine，1913，92(11)：590-595.

[2] ARTHUR W G. Philosophical issues in the vocational-liberal studies controversy (1900-1917)：John Dewey vs. the social efficiency philosophers[J]. Studies in Philosophy and Education，1974，8(3)：169-182.

[3] BOBBIT J F. The elimination of waste in education[J]. The Elementary School Teacher，1912(12)：259-271.

[4] BRIGGS T H. The Committee of Ten[J]. Junior-Senior High School Clearing House，1931，3(6)：135.

[5] CASSON H N. The story of Emerson：high priest of the new science of efficiency[J]. The American Review of Reviews，1913，48(9)：305-315.

[6] COURTIS S A. Chapter Ⅵ：The educational measurement movement in perspectivel：B. Current criticisms of Educational Measurement [J]. Review of Educational Research，1938，8(5)：545-546.

[7] DEXTER G E. Ten years' influence of the report of the Committee of Ten[J]. The School Review，1906，4(14)：254-269.

[8] GERHARD D. The emergence of the credit system in American education considered as a problem of social and intellectual history[J]. Bulletin of the American Association of University Professors，1955，41 (4)：647-668.

[9] HANSOT E, TYACK D. Gender in American public schools: thinking institutionally [J]. Journal of Women in Culture and Society, 1988, 13(4): 741-760.

[10] HIGHAM J. Hanging together: divergent unities in American history[J]. Journal of American History, 1974(6): 5-28.

[11] HINER R N. Professions in process: changing relations between historians and educators (1896-1911) [J]. History of Education Quarterly, 1972, 12(1): 34-56.

[12] JUDD C H. On scientific study of high-school problems[J]. School Review, 1910, 18(2): 84-98.

[13] KATZ M B. From theory to survey in graduate schools of education[J]. The Journal of Higher Education, 1966, 37(6): 325-334.

[14] MERSHON S, SCHLOSSMAN S. Education science and the politics of knowledge: the American Educational Research Association (1915-1940)[J]. American Journal of Education, 2008, 114(3): 307-340.

[15] NIGHTINGALE A F. The Committee on College Entrance Requirements: Report of the Chairman[J]. The School Review, 1897, (6) 5: 321-328.

[16] SCHUDSON S. Organizing the "meritocracy": a history of the College Entrance Examination Board[J]. Harvard Educational Review, 1972, 42(1): 34-69.

[17] TAYLOR J M. The Report of the Committee of Ten[J]. The School Review, 1894, 4(2): 193-199.

[18] TERMAN L. The Use of Intelligence Tests in the Army[J]. Psychological Bulletin, 1918, 15, (6): 177-187.

[19] THORNDIKE E L. The selectionist connectionist[J]. Journal of the Experimental Analysis of Behavior, 1999, 72(3): 451-454.

后　记

本书是在我的博士学位论文基础上修改而成。博士学位论文是我个人学术生涯中具有里程碑意义的节点，今天能够把它修改出版，是对自己学术生涯的一个总结。

我的博士学位论文撰写离不开导师张斌贤教授的帮助。在跟随张老师学习的过程中，我从教育学背景转向历史学方向，从熟练阅读外文文献，写出一篇小论文，到大论文成稿，每一点改变都倾注了老师大量的心血。读博的过程也是一个心理建构的过程，需要不断调节多方面的现实矛盾带给自己的精神压力。让我感动的是，在我被外部压力压得喘不过气的时候，张老师让我把学术先放一放；在我意志薄弱、疲软倦怠的时候，张老师督促和鼓励我。在张老师的鼓励、批评和呵护下，我终于完成了博士学位论文，给自己的求学生涯画上了句号。

吴式颖先生是张斌贤老师的博士导师。读博士期间，我有幸参与了《吴式颖口述史》的撰写工作，被吴老师称为“张斌贤所有的学生中和我接触最多的一个”。吴老师豁达的人生态度、严谨的治学精神、低调的处世方式，对我产生了深远影响。北京师范大学教育历史与文化学院的王晨教授、郭法奇教授、李子江教授和孙益副教授对我的博士论文的选题和修改提出大量宝贵建议。北京师范大学教育历史与文化学院的各位同门与我在学业上分享资料，共同进步，生活中互相支持，亲如一家。在此一并感谢各位老师和同学。

教育评价是我从 2009 年就开始关注的研究领域。2009 年至 2012

年，我主要关注世界范围内基础教育领域的监测和评价的进展与动态。之后与北京师范大学的杨涛老师合著出版了《国际基础教育质量监测实践与经验》一书。2012年至2015年，我重点关注美国的教育评价发展历史，以及美国在关键历史时期形成的教育评价逻辑如何影响和成就了今天美国的教育系统，本书就是这段时间研究的阶段性成果。2015年至今，我的研究方向扩展到在线教育领域。我关注在线教育的规律和在线教育资源的评价，于2021年出版了《土耳其安纳多鲁大学研究》一书。未来，我将持续关注教育（在线教育）相关要素的评价，从比较视野、历史维度、理论深度三个方面深耕教育评价领域，后续将有更多成果面世。

感谢河北大学出版社。感谢家人的包容与鼎力支持。

竭诚欢迎各种批评。

李曙光

2021年5月于北京